Rob Hopkins

Einfach. Jetzt. Machen!

Wie wir unsere Zukunft
selbst in die Hand nehmen

Aus dem Englischen übersetzt
von Gerd Wessling & Martin Elborg
(unter Mitwirkung von Iris Sprenger)

Zusatzkapitel (Exkurs) von Gerd Wessling
Koordinator Transition Netzwerk Deutschland, Österreich, Schweiz

„Wenn wir als Gruppe zusammenkommen, fühlt sich das gewaltig an: Wow, ... es ist, als ob alle sich gegenseitig nähren. Es ist diese Atmosphäre ‚Ich erzähl dir ... du erzählst mir'. Alle hören zu, dann kommt jemand mit einer neuen Idee. Es ist kollektive Aufgeregtheit, kollektive Inspiration und kollektives Wissen, was im Sinne der Gruppe zusammenkommt. Du fühlst die Begeisterung."

Emiliano Muñoz, Portillo en Transicion

„Energie, Solarmodule, ... all das sind Wege, unser Ziel zu erreichen. Wir sind aber nicht Solarmodulen verpflichtet oder der Kraft-Wärme-Kopplung oder was auch immer. Wir sind unserem Wohlbefinden verpflichtet."

Agamemnon Otero, Brixton Energy

Inhalt

Danksagung 6
Vorwort zur deutschen Ausgabe 8

Einleitung 11

Kapitel EINS
Warum wir etwas tun müssen 13

Kapitel ZWEI
Neuen Möglichkeiten den Weg bahnen 55

Kapitel DREI
Die Kraft des Einfach-Jetzt-Machens 79

Kapitel VIER
Träumen erlaubt!
Wohin unsere Reise uns führen könnte 125

Exkurs
Transition in Deutschland, Österreich und der Schweiz 153

Abschließende Gedanken und nächste Schritte 171

Anmerkungen 175
Weiterführende Materialien und Quellen 183

Danksagung

Ich möchte mich herzlich beim Team des *Transition Network* bedanken, namentlich bei: Kat Balassa, Sophy Banks, Ben Brangwyn, Isabel Carlisle, Jo Coish, Naresh Giangrande, Nicola Hillary, Peter Lipman, Sarah McAdam, Ed Mitchell, Filipa Pimentel, Amber Ponton, Fiona Ward, Laura Whitehead sowie Lou Brown, Charlotte Du Cann, Hal Gillmore, Mike Grenville, Tony Graham, Jacqi Hodgson, Shane Hughes, Frances Northrop, Mary Popham und Jay Tompt.

Auch den Leuten, die sich viel Zeit für mich genommen haben als ich für dieses Buch recherchierte, sei an dieser Stelle gedankt: Kevin Anderson, Peter Andrews, Christopher Bear, Ruth Ben-Tovim, Rachel Bodle, Cristiano Bottone, Peter Capener, Robert Cervelli, Tina Clarke, Helen Cunningham, Rachel de Thample, Juan del Rio, Peter Driscoll, Edward Droste, Joe Duggan, Alex Edleson, Hide Enomoto, Simon Gershon, Don Hall, Brian Harper, Colin Harrison, Jo Homan, Pierre Houben, Andrew Knox, Duncan Law, José Martín, Catriona Mulligan, Ciaran Mundy, Emiliano Muñoz, Lucy Neal, Anna O'Brien, Agamemnon Otero, Jules Peck, Monica Picavea, Filipa Pimentel, Joanne Poyourow, Philip Revell, Daniel Rossen, Chris Rowland, Martin Shaw, Nicholas Shaxson, Andrew Simms, Steve Smith, Sarah Stewart, Sónia Tavares, Chris Taylor, Graham Truscott, Simon Turner, Peter Victor und Jon Walker. Ebenso möchte ich allen Leserinnen und Lesern von TransitionCulture.org für manchen wertvollen Input danken und allen, die Fotos für dieses Buch zur Verfügung gestellt haben.

Viele Organisationen und Institutionen haben mitgewirkt, *Transition* voranzubringen: Tudor Trust, Roger Ross of Lots Road Auction, Theresa Field, Esmée Fairbairn Foundation, V. Kann Rasmussen Foundation, John Ellerman Foundation, The Roddick Foundation,

Calouste Gulbenkian Foundation, Polden-Puckham Charitable Foundation, The Bromley Trust, The Network for Social Change, Nominet Trust, Ashoka, Artists Project Earth, Marmot Charitable Trust, The European Economic and Social Committee Civil Society Prize, The Arts and Humanities Research Council, Grundtvig Programme, LUSH, Keep the Land Foundation, Carnegie UK Trust, Curry Stone Design Prize, Transition Tyndale, Tanner Trust und Prairie Trust – ihnen allen gebührt mein Dank.

Schließlich geht mein Dank auch an all jene, die unsere Arbeit mit ihren Anmerkungen und Kommentaren bereichert haben, die Fotos oder Zeichnungen eingeschickt haben – und natürlich, wie immer, den Leuten von Greenbooks.

Dieses Buch ist gewidmet:
Der *Transition*-Pionierin Adrienne Campbell,
den Schlossern und Schlüsseldiensten in Pamplona,
sowie Emma, Rowan, Finn, Arlo und Cian.

Vorwort zur deutschen Ausgabe

Sollten Sie zu diesem Buch gekommen sein, ohne dass Sie bisher viel über die *Transition*-Bewegung und ähnliche Initiativen gehört oder gelesen haben, so kann man nur sagen: »Willkommen & herzlichen Glückwunsch!«. Was Sie auf den folgenden Seiten finden werden ist eine Fülle von Ideen, Informationen und Tipps zur Gestaltung einer anderen Zukunft; nehmen Sie teil an einer Weltreise zu aktuellen und inspirierenden Projekten rund um das Motto ›Einfach. Jetzt. Machen!‹.

Sollten Sie schon seit längerem *Transition* und die vielfältigen Ausgestaltungen dieser Wandel-Bewegung(en) in inzwischen 43 Ländern verfolgen, so werden Sie sich sicher freuen, nach langer Zeit (das letzte deutschsprachige Buch zu *Transition* erschien 2008) endlich wieder ein aktuelles Werk in Händen halten zu können, welches sowohl internationale Aspekte thematisiert, als auch die Verhältnisse in Deutschland angemessen würdigt.

Transition ist nur eine der vielen möglichen Ausprägungen dessen, sich mit dem gesellschaftlichen Wandel auseinanderzusetzen und eine andere Welt zu schaffen. Überall beschäftigen sich Menschen mit alternativen Lebensstilen und -entwürfen (Suffizienz & Subsistenz, Re-Lokalisierung, Fair Share), suchen nach Lösungen für den Übergang in ein post-fossiles Zeitalter. Exemplarisch genannt seien hier die Occupy-Bewegung und Stuttgart 21, Repair-Cafes sowie Leih- und Verschenkläden, die Share-Economy sowie verschiedene Ansätze einer Postwachstumsökonomie, Lokalwährungen, Ökodörfer, Solidarische Landwirtschaftsprojekte, und vieles mehr.

Was all diese Bewegungen eint, ist der feste Wille, etwas zu verändern. Immer mehr Menschen fangen einfach an, ohne auf einen

›offiziellen‹ Startschuss zu warten. Sie handeln vor Ort, in ihrer Gemeinde, in ihrer Stadt – ›trans-politisch‹ und gemeinsam, pragmatisch und visionär, probieren innovative Konzepte aus und setzen sie in die Tat um.

Demgegenüber scheint es, dass Politik und Wirtschaft die Zeichen der Zeit immer noch nicht erkannt haben. Nach wie vor jagt ein erfolgloser Klimagipfel den nächsten, die Kohle wird als ›Energieträger der Zukunft‹ wiederentdeckt und die Fracking-Technologie wird als die Mutter aller Lösungen auf dem Energiesektor propagiert. Business as usual steht auf der Agenda immer noch ganz oben, viele Menschen warten immer noch darauf, dass es die Politik regelt, oder die Wirtschaft, oder ›irgendjemand anders‹.

Doch das wird nicht passieren, und es ist auch gar nicht nötig, denn wir können die Welt selbst verändern und voranbringen. So wie steter Regen auch die ›dauerhaftesten‹ Strukturen auflösen kann, so können die zahlreichen dezentralen Projekte in ihrer Vielfalt den Wandel herbeiführen. Was wir brauchen ist eine langfristige, ökologisch tragbare und faire Lösung für die Umwelt- und Klimaproblematik. Wir in den Industrieländern müssen (und können) unseren Lebensstil so umgestalten, dass wir mittelfristig nur noch circa 10 bis 15 Prozent der momentan benötigten Ressourcen pro Person verbrauchen. Dies ist eine durchaus sportliche Herausforderung, aber es lohnt sich, denn am Ende werden wir besser und glücklicher leben. Wir müssen den Wandel selbst umsetzen, jede/r bei sich vor Ort. Von daher gilt weiterhin und momentan ganz besonders:

Warten war gestern, heute ist ›Einfach. Jetzt. Machen!‹ angesagt!

Gerd Wessling,
für das Transition Netzwerk D/A/CH
www.transition-initiativen.de

Könnten dieser Markt in Spanien (oben, siehe Seite 38 f), die Nachbarschaft in London, die Hoffnung in ihre Hintergärten pflanzt (unten links, siehe Seite 86 f), und die Stadt Bristol, die ihr eigenes Geld druckt (unten rechts, siehe Seite 68 f), Keime eines dringend nötigen, neuen Ansatzes für unsere wirtschaftliche Zukunft sein?
Fotos: Guy Milnes (u. l.), Mark Simmons (u. r.)

Einleitung

Dieses Buch ist eine Einladung, einen neuen Ansatz zu erforschen: wie unsere Wirtschaft funktionieren könnte, wie wir Arbeitsplätze und Wohlstand schaffen und wie wir in unseren örtlichen Gemeinschaften und Nachbarschaften leben und arbeiten wollen. Überall auf der Welt kommen Menschen zusammen und setzen diese Visionen in die Tat um. Von Argentinien bis Italien, von Kanada bis Japan – überall können wir erfahren, wie es aussieht und wie es sich anfühlt, wenn Menschen sich für eine andere Zukunft entscheiden, eine Zukunft, die ganz anders ist als als die, die uns aktuell angeboten wird.

Sie werden von den Erfolgen und Misserfolgen dieser Menschen hören, von den Momenten, an denen sie von einem kalten Schauer ergriffen wurden; Momente, in denen die Zukunft aufregend und spannend erscheint. Sie werden davon erfahren, wie es sich anfühlt, wenn sich in Ihnen ein Gedankenwandel vollzieht und Sie überall neue Möglichkeiten sehen, anstatt nur über Wahrscheinlichkeiten nachzudenken. Auf unserer Suche nach neuen Energiequellen, die unsere Wirtschaft in Schwung bringen, könnte die enorme kreative Energie, die diese Herangehensweise freisetzt, die bedeutendste aller Energieformen sein.

Dieses Buch wird Ihnen nicht sagen, was Sie tun sollen (obwohl Sie einiges an großartigem Material dazu im hinteren Teil des Buches finden werden). Vielmehr wird es Ihnen eine neue *Große Vision* vorstellen, der wir von hier aus entgegensteuern, und es wird Ihnen einen Vorgeschmack davon geben, wie das konkret aussehen könnte. Sie werden von kreativen und erfinderischen Menschen hören, die sich bereits aufgemacht haben in diese unbekannten Gewässer. Und dabei werden Sie feststellen, dass diese Leute Ihnen in vielen Dingen sehr ähnlich sind. Auf diesen Seiten möchte ich Ihnen ein Gefühl dafür geben, was es heißt, sich auf eine solche Reise vorzubereiten.

Ich hoffe, dass Sie dies so sehr inspiriert, dass Sie in späteren Jahren eventuell auf den Moment, in dem Sie dieses Buch in die Hand genommen haben, zurückblicken werden als einen wegweisenden Moment Ihres Lebens, von dem an Sie die Dinge in einem neuen Licht gesehen haben.

Kapitel EINS

WARUM WIR ETWAS TUN MÜSSEN

„Wie positiv kann eine Gesellschaft, welche die menschliche Natur erlaubt, sein?
Wie positiv kann die menschliche Natur, welche die Gesellschaft erlaubt, sein?"

Abraham Maslow, Psychologe (1971)[1]

Warum wir eine neue Große Vision brauchen

»Ich hege große Sympathie für Regierungen, die die unmittelbaren Probleme sehen und sich bemühen, diese zu lösen, aber ich habe viel weniger Sympathie, wenn sie keine langfristige Vision haben, die sinnvoll aufzeigt, wo wir uns hinbewegen. Ich mache mir große Sorgen, dass der Versuch, Maßnahmen einzuführen, die die Volkswirtschaften nach dem Motto ›zurück zum Normalbetrieb‹ wieder ankurbeln sollen, in Wirklichkeit nichts anderes ist als eine Art Freifahrtschein für das Eintreffen viel schlimmerer Zustände in wahrscheinlich nicht allzu ferner Zukunft.«

Peter Victor, Autor von Managing without Growth[2]

Die diesem Buch zugrunde liegende Idee ist, dass Handeln vor Ort die Welt verändern kann. Zwischen dem, was wir als Einzelne tun können, und dem, was Regierungen und Unternehmen tun können, um auf die Herausforderungen unserer Zeit zu reagieren, liegt ein großes unerschlossenes Potenzial, das ich die Kraft des *Einfach-Jetzt-Machens* nenne. Es geht um all das, was Sie zusammen mit den Menschen in Ihrer Straße, Ihrer Nachbarschaft, Ihrer Stadt erreichen können. Ich möchte Sie zum Staunen bringen darüber, was wir in unseren Städten und Gemeinden aufbauen können, und wie dies, wenn es von ausreichend vielen von uns umgesetzt wird, reale und spürbare Auswirkungen haben und an den Orten, an denen wir leben, zu realen Arbeitsplätzen und echter Veränderung führen kann.

Einer der Gründe, warum ich dieses Buch geschrieben habe, war meine Teilnahme an einer zweitägigen Konferenz der Vorstandschefs von Unternehmen einer bestimmten Region in Großbritannien Ende 2012: ein jährliches Treffen, um gesellig zu sein, neue Ideen auszutauschen und sich neuen Denkweisen zu öffnen. Ich war dort für den Teil ›neue Denkweisen‹ angefragt, aber der interessanteste Teil war der Beginn, als alle Teilnehmer gefragt wurden, wo wir uns ihrer Meinung nach wirtschaftlich hinbewegen werden. Werden wir allmählich zum Wachstum zurückkehren oder den momentanen Zustand mehr schlecht als recht halten oder werden wir ein anhaltendes Schrumpfen der Wirtschaft erleben? Ich erwartete, dass der Großteil enthusiastisch davon ausgehen würde, dass hinter der nächsten Ecke schon eine neue goldene Ära des Wachstums wartete, denn schließlich ist es das, was öffentlich meistens propagiert wird.

Zu meiner Überraschung teilten allerdings nur ungefähr ein Viertel der Anwesenden einen solchen Optimismus. Einer sagte: »Wenn wir jemals aus dieser Rezession herauskommen, wird nichts sein wie zuvor.« Ein anderer sagte: »Bisher ging es jeder Generation besser als der vorigen. Das ist nicht mehr so.« Und wieder ein anderer: »Zukünftige Generationen werden zurückblicken und sagen, dass dies der Anfang vom Ende der westlichen Welt war«. Am meisten verblüffte mich ein Mann, der erzählte, dass er sich für Geschichte begeistere und sehr viel über die letzten Tage des Römischen Reichs in England gelesen hatte. Dort hatte es im Jahr 308 n. Chr. Straßen, Landwirtschaft, Zentralheizung und andere Errungenschaften gegeben – und trotzdem befand sich das Land 20 Jahre später wieder in der Eisenzeit. »Keine Zivilisation hatte für immer Bestand«, sagte er, »die Möglichkeit eines Kollapses ist sehr real.«

Es war faszinierend, in diesem geschützten Rahmen, in dem sich die Menschen sicher miteinander fühlten, deren ehrliche Einschätzungen und ernsthaften Sorgen über unsere Situation zu hören. In der Öffentlichkeit würden diese Führungspersonen natürlich weiter von der ›Agenda Wachstum‹ sprechen, aber hier gaben sie zu, dass sie einfach nicht daran glaubten. Ich habe dasselbe seitdem bei mehreren Gelegenheiten beobachten können, wenn ich mit Menschen in ähnlichen Positionen gesprochen habe; viele gaben zu, dass sie wenig oder gar keinen Glauben daran haben, dass wir jemals wieder ein solches Wirtschaftswachstum haben werden wie in den letzten Dekaden. In diesem Buch werden wir uns die Gründe anschauen, warum ich glaube, dass ein stetiges Wachstum des BIP (Bruttoinlandsprodukt) kein situationsgerechtes oder wünschenswertes Prinzip mehr ist, und warum ich denke, dass diese Führungskräfte mit ihren Sorgen recht hatten. Ihre Aussagen erinnerten mich an die Geschichte *Des Kaisers neue Kleider*; darin war es ein Kind, das ausspricht, was eigentlich alle sahen: Der Kaiser war nackt.

Die aktuelle Auffassung in Europa scheint zu sein, dass wir, um das Wachstum wieder anzukurbeln, einfach nur alle Hindernisse aus dem Weg räumen müssen, damit die Wirtschaft tun kann, was immer sie tun will, und dass wir dazu große Infrastrukturprojekte brauchen. Man scheint zu glauben, dass die Wirtschaft von ganz alleine wieder aufersteht und erneut wächst – wenn Geschäftsleute in entsprechenden Hochgeschwindigkeitszügen noch schneller reisen können, wenn wir neue Flughäfen bauen, damit noch mehr Geschäftsleute fliegen können, um neue Unternehmen aufzubauen, welche dann die Wirtschaft ankurbeln. Die westliche Welt scheint wirklich zu glauben, dass Wachstum per se immer etwas Gutes ist.

Die Ironie ist natürlich, dass in einer Welt mit zunehmend knapperen Ressourcen, mit einem Klima, das sich kurz vor dem Kipppunkt hin zum unkontrollierbaren Klimawandel befindet, und einer Wirtschaft, die unter einer gigantischen Schuldenlast ächzt, ein solcher Ansatz das Letzte ist, was wir brauchen; eine derartige Wirtschaft braucht kein Mensch!

Sparmaßnahmen vs. New Deal

In diesem Moment, in dem die Zukunft unserer Wirtschaft und die Frage, wie wir aus unserer Finanzmisere herauskommen, debattiert werden, hören wir immer nur dieselben Antworten. Ich schlage vor, dass es Zeit für eine neue, dritte Antwort ist, die die beiden anderen möglichst schnell ersetzt – in Fernsehdiskussionen, im Radio, im Internet, auf Partys ...

Die erste Antwort läuft unter dem Begriff ›Sparmaßnahmen‹; sie wird beherrscht von der Vorstellung, dass wir die Staatsausgaben derart beschneiden müssen, wie man einen Rosenbusch drastisch zurückschneidet, in der Hoffnung, er möge wieder austreiben. In der Praxis bedeutet dies tiefe Einschnitte bei öffentlichen Dienstleistungen, harte Zeiten für die Wirtschaft und einen sich vergrößernden Abstand zwischen Arm und Reich, immer gekoppelt mit dem Versprechen, dass dies irgendwann zu neuem Wirtschaftswachstum führen werde. Die zweite Option nennen wir ›New Deal‹; sie geht davon aus, dass wir uns immer mehr Geld von zukünftigen Generationen leihen sollten, um es jetzt schon auszugeben und damit neue Impulse für die Wirtschaft zu setzen. Manche schlagen einen ›Green New Deal‹ vor; auch bei diesem Modell leiht man sich Geld, allerdings soll hierbei der Übergang in eine CO_2-arme – aber dennoch wachstumsbasierte – Wirtschaft gelingen.

Der auf Sparmaßnahmen und Einschränkungen basierende Ansatz erkennt an, dass wir über unsere Verhältnisse leben. Statt uns immer nur neue clevere Mechanismen auszudenken, mit denen wir unseren Schuldenberg auf zukünftige Generationen übertragen können, müssen wir uns der Schuldenkrise wie erwachsene Menschen stellen und unseren exzessiven Lebensstil wieder unter Kontrolle bekommen. Wir müssen lernen, den Mantel so zu schneidern, dass der Stoff auch reicht. Es ist interessant, dass der Begriff ›Sparmaßnahmen‹

> „Die Debatte um Sparmaßnahmen oder Keynesianische Ausgabenprogramme ist ungefähr so nützlich wie die Diskussion, ob die Erde eine Scheibe ist oder auf dem Rücken von Schildkröten getragen wird."
>
> **Graham Barnes,**
> The Foundation for the Economics of Sustainability (FEASTA) (2013) [3]

(Austerität) in anderen Sprachen und Kulturen verschiedene Bedeutungen hat. In Deutschland, China und Italien ist er beispielsweise positiv besetzt und wird mit Einfachheit, Genügsamkeit und Besonnenheit in Verbindung gebracht; in Großbritannien, den Niederlanden und Frankreich ist er etwas für Puritaner und gilt als eher freudlose, ernste Angelegenheit. Glücklicherweise kann man vermeintliche Einschränkungen auch positiv betrachten, etwa wenn Dinge, die wir im Leben wertschätzen (Familie, Freunde, Kreativität, Stille, anderen helfen), an die Stelle treten, die bisher nur der Konsum gefüllt hat. Dieser Sparsamkeitsansatz versagt allerdings immer dann, wenn seine Einschnitte die Ärmsten und Verwundbarsten einer Gesellschaft am härtesten treffen und das Streben nach Wachstum um jeden Preis zur ›Entfesselung‹ großer Unternehmen führt, und zwar auf Kosten von Arbeitnehmerschutz, lokaler wirtschaftlicher Resilienz und Diversität.

Der ›New Deal‹ in Großbritannien – von dem wir viel weniger hören, der aber gewöhnlich als einzige Alternative zur Sparpolitik präsentiert wird – erkennt an, dass wir unsere Ärmel hochkrempeln und proaktiv an unserer Situation etwas verändern müssen, dass wir die Verwundbarsten der Gesellschaft zu schützen haben und auch dass wir unsere übrig gebliebenen Finanzreserven in den Aufbau einer Gesellschaft investieren müssen, die besser in diejenige Zukunft passt, auf die wir derzeit zusteuern. Howard Reed von Landman Economics und Tom Clark sagen dazu: »Zum jetzigen Zeitpunkt ist der nationale Schuldenstand in Großbritannien bedeutend niedriger als in Japan (ca. 200 Prozent des Bruttoinlandsprodukts) und vergleichbar mit dem in Deutschland (83 Prozent) und den USA (80 Prozent). Im internationalen oder historischen Vergleich ist der nationale Schuldenstand nicht hoch.«[4]

Wie wir aber sehen werden, können wir die Vergangenheit (als es bei andauerndem Wirtschaftswachstum noch einfach war, die Schulden zu bedienen) nicht einfach auf die Zukunft übertragen. Das könnte ein gefährliches Glücksspiel werden. Meiner Meinung nach zeigt die Zuspitzung verschiedenster Probleme, dass es derzeit nicht sinnvoll ist, sich weiter zu verschulden. Außerdem berücksichtigen weder der New Deal noch die Sparpolitik die Auswirkungen des Klimawandels auf den Aufbau einer neuen Infrastruktur (ob ›grün‹ oder nicht) und sie legen darüber hinaus unrealistische Annahmen zur Menge und Qualität der zukünftig verfügbaren Energie zugrunde – Energie, die die meisten Wirtschaftsaktivitäten erst ermöglicht. Beide Ansätze erinnern mich an eine Krankenhausserie im Fernsehen, wo der Patient verstorben ist und das Ärzteteam versucht, ihn mit einem dieser elektrischen Defibrillatoren wiederzubeleben (die man nur benutzen darf, wenn man immerzu laut »Bitte zurücktreten!« ruft, bevor sie zum Einsatz kommen). Das Wirtschaftswachstum stößt auf einige sehr reale Grenzen. Dr. Tim Morgan vom Unternehmen Tullett Prebon, das zum FTSE (Financial Times Stock Exchange) 250-Index an der Londoner Börse gehört, hat einleuchtend argumentiert dass:

> »... der kritische Zusammenhang zwischen der Energieproduktion und dem Energieaufwand, der nötig ist, diese Energie verfügbar zu machen (EROEI), sich derzeit so rapide verschlechtert, dass die Wirtschaft, an die wir uns seit mehr als zwei Jahrhunderten gewöhnt haben, beginnt, aus den Fugen zu geraten.«[5]

Er fügt hinzu: »Wenn die Energiemenge, die wir aufwenden, um Zugang zu nutzbarer Energie zu erhalten (EROEI), eine bestimmte Größenordnung überschreitet«, einen Punkt, den wir seiner Meinung nach sehr bald erreicht haben, »ist unser Lebensstil als Konsument vorbei.«

Jeder Ansatz, der ein permanent erforderliches Wirtschaftswachstum explizit infrage stellt, steht eindeutig im Widerspruch zu dem, was unsere Führungselite aktuell vertritt. Deswegen ist es meiner Meinung nach entscheidend, dass wir als Individuen und als Gemeinschaft(en) die Führungsrolle übernehmen und zeigen, was angesichts dieser außergewöhnlichen Zeiten angebracht ist – und wie eine Zukunft aussehen könnte, die auf realistischeren Annahmen beruht. Dieser Ansatz bietet enorme Möglichkeiten für Kreativität und Unternehmertum. Und obwohl das Konzept des ›Green New Deal‹ viel zu bieten hat, argumentiere ich, dass es, wenn es nur auf dem Gedanken basiert, uns zum früheren Wirtschaftswachstum zurückzubringen, eine große, wenn nicht sogar fatale zentrale Schwachstelle aufweist. Aber warum?

Straßenschild »Veränderte Prioritäten voraus«, entdeckt vom Autor.

Der Neue Normalzustand

»In den nächsten 20 Jahren werden uns viele Chancen – als Verluste verkleidet – begegnen.« **Dr. Martin Shaw**[6]

Jeder Veränderungsprozess birgt ein Problem: steckt man mittendrin, sieht man nicht wirklich wie die Veränderung aussieht. Nur wenn wir eine Pause einlegen und zurückblicken, können wir sehen, wie viel schon in Bewegung ist. Aber die Dinge ändern sich momentan so schnell, dass man die Zeit, in der wir leben, als einen ›Neuen Normalzustand‹ betrachten kann, in dem sich unsere Erwartungen an die Zukunft schon wieder eindeutig von dem unterscheiden, was wir vor drei oder vier Jahren erwartet haben.

Man merkt es an den steigenden Kosten unserer wöchentlichen Einkäufe, an der Benzinrechnung für das Auto oder der Strom- und Nebenkostenabrechnung; an dem ungewöhnlichen Wetter um uns herum; an den irrsinnigen Summen, die ausgegeben wurden, um den Banken aus der Klemme zu helfen. Vielleicht haben Sie aber auch eine intuitivere Wahrnehmung davon, dass sich etwas verändert – dass sich außerhalb Ihrer Kontrolle die Dinge auf eine neue und nicht immer angenehme Art zusammenfügen. José Martín, von dem Sie später mehr hören werden, und der auf diese Wahrnehmung hin in seiner Gemeinde in Spanien eine adäquate Anpassungsstrategie mitkoordiniert hat, formuliert es so: »Die Menschen fühlen, dass eine große Veränderung stattfindet, aber sie wissen nicht, wohin sie führt.«

Ich denke, dass hier drei Kernbereiche zu betrachten sind: der ›Neue Normalzustand Energie‹,

der ›Neue Normalzustand Klima‹,
der ›Neue Normalzustand Wirtschaft‹.

Der ›Neue Normalzustand Energie‹

»Wissen Sie, der Welt wird niemals das Öl ausgehen. Es gibt viele unterschiedliche Arten von Öl an vielen unterschiedlichen Orten. Wir werden immer Öl haben. Aber was die Welt tatsächlich nicht mehr haben wird und was wir schon jetzt nicht mehr haben, ist Öl, bei dem wir es uns leisten können, es zu verbrennen.«
Jeff Rubin, Energieexperte und ehemaliger leitender Volkswirt von CIBC World Markets[7]

Steigende und schwankende Energiepreise wirken sich auf alle Aspekte unseres Lebens aus. Die reichlich vorhandene und günstige Energie, die kennzeichnend für die letzten 150 Jahre war, gibt es nicht mehr. Bis vor Kurzem hatten wir jedes Jahr Zugang zu mehr Energie als im Jahr zuvor. Das ist mittlerweile nicht mehr so. Die Ölproduktion stagniert seit dem Jahr 2005 weitgehend, da die Welt auf einige sehr reale Förderhindernisse gestoßen ist.

Die Hälfte des weltweiten Erdöls stammt aus nur 110 riesigen Ölfeldern (weltweit gibt es über 70.000). Von den 20 größten Ölfeldern erleben 16 gerade den unaufhaltsamen Rückgang ihrer Fördermenge. Die meisten der 110 Felder wurden in den 1930er und 1940er Jahren entdeckt und sind fast erschöpft. Global gesehen sinkt die Produktion der bestehenden Felder um vier Prozent pro Jahr und allein um das aktuelle Produktionsvolumen aufrecht zu erhalten, müssen wir jeden Tag ein neues Produktionsvolumen von drei Millionen Barrel erschließen – das entspricht dem Volumen, das Saudi Arabien in vier Jahren fördert.[8] Aber: Dies ist nicht in Sicht.

Die konventionelle Ölförderung erreichte 2006 ihren Höhepunkt:[9]

es war das Ende des Zeitalters billiger fossiler Brennstoffe. Wir befinden uns nun im »Zeitalter der extremen Energie«[10], in dem Teersande, Tiefseeförderung und Fracking als akzeptable Quellen angesehen werden, um unseren Hunger nach fossilen Brennstoffen zu stillen (derart gewonnene Energierohstoffe laufen unter der Bezeichnung ›unkonventionell‹, ihre Föderung wirkt sich stark auf die Umwelt aus und sie haben einen sehr hohen CO_2-Fußabdruck). Wir müssen viel härter arbeiten, um an qualitativ minderwertigere fossile Brennstoffe heranzukommen, die noch dazu an schwerer zugänglichen Orten liegen und immer höhere Kosten verursachen. Wir müssen immer mehr Energie investieren, um immer weniger Energie zu gewinnen. Wir lassen uns dabei auf etwas ein, was sehr unzuverlässig ist, was unsere Welt noch störanfälliger macht und all unsere CO_2-intensiven Aktivitäten verlängert, die wir uns eigentlich schon längst nicht mehr leisten können.

Und obwohl es Alternativen gibt, unterstützt die Politik immer noch überwiegend die fossilen Brennstoff statt auf erneuerbare Energien zu setzen.[11] Weltweit werden die fossilen Energieriesen jährlich mit geschätzten 509 Milliarden US-Dollar (ca. 380 Milliarden Euro) subventioniert.[12] Trotz des großen Energiepotenzials von Wind, Gezeiten und Sonne entwickelt sich die Wirtschaft im Bereich erneuerbare Energien frustrierend langsam. Tatsächlich stehen Großbritannien und andere Regionen am Rande eines neuen ›Ansturms auf Gas‹, der sich auf das ›Fracking‹ von Schiefergas gründet. Viele jubeln ob dieses neuen, goldenen Gaszeitalters, doch eigentlich ähnelt es eher einer Ruhestandsfeier für fossile Brennstoffe.[13] Trotz all ihrer negativen Auswirkungen können wir offensichtlich nicht von ihnen lassen. Der ›Neue Normalzustand Energie‹ ist gekennzeichnet durch:

— Ölpreise, die sich zwischen 90 und 120 US-Dollar pro Barrel bewegen, allerdings mit sprunghaften Ausschlägen nach oben,

— steigende Strom- und Nebenkosten,
— steigende Unsicherheit der zukünftigen Energieversorgung,
— ein Mehr an Energie aus unkonventionellen fossilen Brennstoffen, die für ihre Produktion einen immer größeren Energieaufwand erfordern, aber dabei immer weniger nutzbare Energie liefern,
— häufigere Konflikte um den Zugang zu fossilen Brennstoffreserven,
— eine geringe Steigerung der Ölförderung (bis hin zum Nullwachstum),[14]
— zu hohe Ölpreise, die in den OECD-Ländern bereits eine unsichtbare Beschränkung des Wirtschaftswachstums hervorrufen.[15]

Der ›Neue Normalzustand Klima‹

»Die Tür schließt sich. Ich bin sehr besorgt. Wenn wir jetzt nicht eine andere Richtung für unsere Energienutzung einschlagen, werden wir jenseits dessen enden, was Wissenschaftler als ›Sicheres Minimum‹ [für Klimasicherheit] ansehen. Die Tür wird dann für immer geschlossen sein.« **Fatih Birol, Internationale Energieagentur**[16]

2012 war das Jahr der extremen Wetterereignisse. Großbritannien erlebte den schlechtesten Sommer, an den sich die Menschen erinnern konnten. Dem seit einem Jahrhundert trockensten Frühjahr folgten die feuchtesten seit 1776 dokumentierten Monate April bis Juni und der niederschlagreichste Sommer.[17] Zur gleichen Zeit erlebten die USA den heißesten Sommer seit Beginn der Wetteraufzeichnung und eine schwere Trockenperiode, die nur von den Staubstürmen der 1930er Jahre übertroffen wurde (damals wurde jeder zweite US-Bundesstaat zum Katastrophengebiet erklärt). Brasilien erlebte Überflutungen und Erdrutsche, Australien starke Überschwemmungen, die

Sahelzone litt unter verheerenden Trockenperioden. Starke Regenfälle und Überschwemmungen führten zur Evakuierung von fünf Millionen Menschen in China, in Manila fiel die Regenmenge eines halben Jahres in 72 Stunden und die Hälfte der Stadt stand unter Wasser und in Ostchina wurden 60.000 Häuser durch Taifune beschädigt.[18] Und dann gab es natürlich noch Hurrikan Sandy.

Obwohl wir nicht kategorisch sagen können, dass diese Extreme durch den Klimawandel ausgelöst werden, sind es Ereignisse, die angesichts einer globalen Erderwärmung zu erwarten sind. Ich fragte Kevin Anderson, Vizedirektor des UK Tyndall Centre (ein führendes Forschungsinstitut zum Klimawandel), ob derartige Extreme in einer Welt mit einem CO_2-Gehalt von 280 ppm weniger wahrscheinlich wären (das war die atmosphärische CO_2-Konzentration vor Beginn der Industriellen Revolution; zum Zeitpunkt der Drucklegung dieses Buches überschritt die CO_2-Konzentration schon die 400-ppm-Marke):

»Ja, ich glaube das wäre eine adäquate Einschätzung. Es wäre *sehr viel weniger wahrscheinlich*. Wir beginnen nun, Ereignisse zu erleben, die anhand normaler Wahrscheinlichkeiten schwer zu erklären sind. Wir haben Extremwetterereignisse, die gab es immer; Extreme kommen vor. Wenn Extreme aber regelmäßig auftreten, sind sie keine Extreme mehr und was man dann beobachtet, sind eben keine Wetterextreme, sondern eine Veränderung des Klimas.«[19]

Im Moment entsprechen die Schritte, die wir unternehmen, um unsere Kohlendioxidemissionen zu reduzieren, nicht annähernd dem, was erforderlich wäre. PricewaterhouseCoopers hat kürzlich angemerkt, dass »selbst wenn wir unsere jetzige CO_2-Minderungsrate verdoppeln würden, dies immer noch zu Emissionen führen würde, die einer Erwärmung um sechs Grad Celsius bis Ende des Jahrhunderts entsprächen«.[20]

Obwohl die Emissionen in der westlichen Welt leicht zurückgehen, wird dieser ›Erfolg‹ durch entsprechende Steigerungen in Schwellenländern wie Indien und China weit übertroffen. (Es sollte angemerkt werden, dass ein bedeutender Anteil dieser Steigerungen aus der Herstellung von Gütern für den Export in reichere Nationen entsteht, die den Großteil ihrer Produktion dorthin auslagern.)

Können wir im Zusammenhang mit unserem sich verändernden Klima über einen ›Neuen Normalzustand‹ sprechen? Es scheint Konsens zu sein, dass jeder ›Neue Normalzustand‹ durch eine Steigerung des extremen Wetters und seine schiere Unvorhersagbarkeit definiert wird.[21] Wie UN-Generalsekretär Ban Ki-moon auf der Klimakonferenz in Doha 2012 sagte: »Das Unnormale ist der neue Normalzustand«.[22] Kevin Anderson hat auch das Gefühl, dass die Bezeichnung ›Neuer Normalzustand‹ den wesentlichen Punkt verfehlt. Wenn es einen neuen Normalzustand gäbe, sagt er:

> »... wäre es wahrscheinlich ein sehr kurzer Normalzustand; ich denke nicht, dass dies irgendwie ein Normalzustand ist. Heute ist es der Normalzustand, aber ich glaube, dass die Zunahme der Emissionen – und es gibt keine Anzeichen dafür, dass die Emissionen sinken werden – nahelegt, dass wir einen neuen Normalzustand erreichen und dann einen anderen Normalzustand und dann noch einen anderen Normalzustand.«

Was wäre also eine passende Antwort? »Um eine globale Erwärmung von zwei Grad Celsius zu vermeiden, müssen die reicheren Nationen der Welt ihre Kohlenstoffemissionen um zehn Prozent pro Jahr senken«, argumentiert Anderson, »und wir müssten heute damit anfangen.« Dies sollte uns eigentlich verdeutlichen, wie sehr wir diese Einschnitte schon heute priorisieren müssten. Handlungen, die jetzt viel CO_2 freisetzen, um später mehr einzusparen, erscheinen nicht länger sinnvoll. Welche Handlungen und Entscheidungen sind dann in diesem Zusammenhang die Richtigen (oder nicht die Richtigen) und welche Auswirkungen hat das darauf, wie wir unsere Wirtschaft für die nächsten fünf bis zehn Jahre planen? Die nachfolgende Tabelle gibt hierauf einige Hinweise.

Wie die Notwendigkeit, Kohlenstoffemissionen *jetzt* anstatt später zu senken, unsere Entscheidungen beeinflusst	
Geeignet	**Nicht geeignet**
- Große Anstrengungen zur Energieeinsparung; Umbau von Häusern - Etablierung von Nachhaltigkeitskriterien für die Vergabe von Zuschüssen und Krediten - Förderung einer Landwirtschaft, welche die Böden als Kohlenstoffsenke nutzt - Zulassungsstopp für alle CO_2-intensiven Großprojekte (Flughäfen, Einkaufszentren außerhalb der Stadt, etc.) - Umstieg auf lokale, natürliche Materialien (Holz, Stroh, Hanf) bei Neubauten (damit mehr Kohlenstoff gebunden als freigesetzt wird) - Kohlenstoffbesteuerung - Ungenutzte Wohnraum-Kapazitäten nutzen, renovieren statt neu bauen - Einschränkung unserer Reisetätigkeiten; Förderung von öffentlichen Verkehrsmitteln und Fahrradfahren	- Atomkraft (Bau von AKW langwierig und CO_2-intensiv; hoher Energiebedarf bei der Endlagerung – wo? – und bei der Stilllegung) - Intensivierung des Straßenbaus - ›Run auf Gas‹ durch Fracking (erhöht unsere Abhängigkeit von fossilen Brennstoffen, verhindert Entwöhnung) - Weiterführung der Zentralisierung öffentlicher Einrichtungen wie Schulen und Krankenhäuser (erhöht zwar die Effizienz, aber auch die CO_2-Emissionen und die Abhängigkeit vom Auto) - Einkaufszentren außerhalb der Stadt und suburbane Zersiedelung (erhöhte Abhängigkeit vom Auto)

Diese Perspektive stellt unsere Vorstellung von Wirtschaftswachstum grundlegend infrage und ist historisch so noch nie dagewesen. Aber sie ist vorbehaltlos den Konsequenzen eines globalen Temperaturanstiegs von sechs Grad Celsius vorzuziehen. Als Zusammenfassung ihrer Analyse, wie es ab jetzt weitergehen kann, formuliert der Bericht *Too late for two degrees?*[23] von PricewaterhouseCoopers deutlich: »Business as usual ist keine Option.«

Einfach ausgedrückt ...

Laut Bill McKibben[24] (Gründer der Klimakampagne 350.org) gibt es drei Zahlen, welche die Wissenschaft vom Klimawandel bestimmen. Diese sind:

— **2 Grad Celsius:** Der Temperaturanstieg, den wir verhindern müssen, wenn wir einen katastrophalen Klimawandel verhindern wollen.
— **565 Gigatonnen:** Die Menge Kohlendioxid, die wir noch in die Atmosphäre freisetzen können, um die Erderwärmung bei maximal zwei Grad Celsius zu halten.
— **2.795 Gigatonnen:** Die Menge Kohlendioxid, die freigesetzt würde, wenn wir alle Reserven an fossilen Brennstoffen verbrennen würden, von denen wir sicher wissen, dass sie uns zur Verbrennung noch zur Verfügung stehen (wenn wir dies wollten).

Einfach ausgedrückt müssen ungefähr vier Fünftel unserer bekannten Reserven an fossilen Brennstoffen in der Erde verbleiben.

Der ›Neue Normalzustand Wirtschaft‹

»Dies ist die schlimmste Finanzkrise seit den 1930er Jahren, wenn nicht die schlimmste überhaupt.«
Mervyn King, Präsident der Bank of England (Oktober 2011) [25]

In Großbritannien (obwohl dieses Buch eine globale Sicht vertritt, beginne ich in der Region, die ich am besten kenne) treffen die Sparmaßnahmen der Regierung, die aufgrund der immensen Schuldenkrise getroffen wurden, die Ärmsten in unserer Gesellschaft; diejenigen, die darum kämpfen, Arbeit zu bekommen, ihre Wohnungen zu heizen, sich ein Dach über dem Kopf leisten und ihre Familie ernähren zu können.

Dienstleistungen werden beschnitten. Das Netz, das uns hält, beginnt sich mit der Ausweitung der Schuldenkrise aufzulösen. In Teilen von Südeuropa und anderswo sieht es angesichts hoher Arbeitslosenzahlen und einer rigorosen Sparpolitik, die katastrophale soziale Auswirkungen hat, noch schlechter aus. Griechenland hat in den letzten drei Jahren eine 40-prozentige Senkung der Ausgaben im Gesundheitswesen mit katastrophalen Auswirkungen erlebt, die von einem Sprecher des Panhellenischen Ärzteverbandes bei einer Konferenz, an der ich kürzlich teilnahm, als ›humanitäre Krise‹ bezeichnet wurden. Gewerkschaften drängen Krankenhausärzte, Regierungsanweisungen, nach denen sie Immigranten und Menschen ohne Krankenversicherung nicht länger behandeln sollen, zu missachten.

Jüngste Skandale im Bankwesen und Offshore-Banking, bei denen große Unternehmen und reiche Einzelpersonen in den Ländern, in denen sie leben, die Steuern umgehen oder so wirtschaften, dass sie ihr Geld ins Ausland (›offshore‹) verlagern[26], geben uns einen Vorgeschmack darauf, wo unser Geld enden kann, wenn wir darüber

„Momentan nehmen wir aus der Zukunft, verkaufen es in der Gegenwart und nennen es BIP. Wir könnten genauso gut eine Wirtschaft haben, die darauf gründet, die Zukunft zu heilen, anstatt sie zu bestehlen."
Paul Hawken[27]

die Kontrolle verlieren. Die oft versprochene ›Trickle-down‹-Wirtschaft entpuppt sich als ›Staubsauger‹-Wirtschaft.

> »Mir ist klar geworden: Wer Steueroasen vermeiden möchte, zieht am besten in eine Höhle, denn sie sind überall. Man kann sie nicht vermeiden. Alle multinationalen Konzerne nutzen auf die eine oder andere Weise Steueroasen aus unterschiedlichsten Gründen. Die Banken sind natürlich alle in großem Maße in Steueroasen verwickelt.« **Nicholas Shaxson, Autor von Treasure Islands**[28]

Die Occupy-Bewegung ist eine bemerkenswerte Graswurzelantwort auf die Wirtschaftskrise und den massiven Vermögenstransfer von den Armen zu den Reichen, der auf die Wirtschaftskrise 2008 folgte. Ein leitender Beamter der Bank of England sagte kürzlich: »Occupy war aus einem sehr einfachen Grund in ihren Bemühungen so erfolgreich, die Probleme des globalen Finanzsystems an die Öffentlichkeit zu bringen: Sie haben recht.«[29]

Richard Heinberg (Autor von *The End of Growth*) hat argumentiert, dass die Kombination aus dem Ende des Zeitalters billigen Öls, riesigen Schuldenbergen, sinkenden Profiten, die auf dem Einsatz neuer Technologien basieren, sowie steigenden Kosten der Auswirkungen des Klimawandels bedeutet, dass wir uns von einem Wirtschaftswachstum, wie wir es bislang kannten, verabschieden müssen. Trotzdem sind unsere Führungseliten immer noch davon besessen, zu den guten alten Zeiten des exorbitanten Wirtschaftswachstums zurückzukehren – trotz der vermehrten Anzeichen dafür, dass dies nicht der sinnvollste Weg sein kann.

Die New Economics Foundation, eine »unabhängig denkende und handelnde Initiative, die zu wirklichem wirtschaftlichen Wohlergehen inspirieren und dies vorleben möchte«, begründet ihre Skepsis damit, dass jegliche Art von anhaltendem Wirtschaftswachstum zu steigenden Treibstoffpreisen führt, was wiederum jegliches Wachstum dämpft:

> »Da sich die Steigerung der Ölproduktion verringert und die globale Nachfrage weiter steigt, werden andauernde hohe Ölpreise und Preisspitzen bedeutende Auswirkungen auf die Wirtschaft haben und faktisch eine unüberwindbare Hürde für die Erholung der Wirtschaft sein.« **New Economics Foundation**[30]

Sich in dem erforderlichen Ausmaß um den Klimawandel zu kümmern, lässt Wirtschaftswachstum außerdem zu einer überholten Idee werden:

> »Wir sagen, dass wir eine etwa zehnprozentige Minderung des CO_2-Ausstoßes pro Jahr brauchen, und dass wir damit heute anfangen müssen. Hieraus können wir schließen, dass die wohlhabenden Regionen der Erde ihre Zwei-Grad-Celsius-Ziele kurz- bis mittelfristig nur über einen bedeutenden Rückgang des Konsums erreichen können. Unsere wirtschaftlichen Aktivitäten würden schrumpfen, Wirtschaftswachstum wäre ausgeschlossen.« **Kevin Anderson, Tyndall Centre for Climate Change Research**[31]

Unser ›Neuer Normalzustand Wirtschaft‹ wird wahrscheinlich hiervon geprägt sein:[32]

- Sparer werden sich daran gewöhnen müssen, wenig Zinsen für ihre Ersparnisse zu bekommen.
- Wirtschaftsräume werden um Wachstum kämpfen und wahrscheinlich eher einen anhaltenden Rückgang erleben.
- Die Kluft zwischen Reich und Arm wird weiter wachsen.
- Wir werden in bestimmten Regionen ›Preisblasen‹ bei Häusern und anderen Wertgegenständen beobachten, die nicht durch lokale Käufe und Verkäufe entstehen, sondern durch die Nachfrage wohlhabender Investoren auf der Suche nach Profit.
- Bankenkredite werden weiterhin zurückgehen.
- Junge Menschen sind zunehmend aufgebracht darüber, wie man sie in der Wirtschaft behandelt, was sich in Bewegungen wie Occupy ausdrückt.
- Steigende Gehälter in Asien und schwankende Energiepreise werden dazu führen, dass ein Teil der Produktion in die USA und nach Europa zurückkehrt.
- Preise für Lebensmittel (und andere Güter) werden weiterhin steigen oder starken Schwankungen unterworfen sein, wodurch der Lebensstandard sinkt.

Lokal und resilient: die neue Große Vision

»Unternehmen, deren ›DNA‹ mit ihrem Ort oder ihrer Region verwoben ist, bringen mehr Nutzen. Sie liefern nicht nur die Waren, die sie verkaufen, sondern auch die sozialen Verbindungen, die die Menschen vor Ort zusammenhalten. Sie bieten die Finanzressourcen, aus denen lebendige, vielfältige und daher resilientere Städte und Gemeinden erwachsen können. Und des Weiteren geben sie dem Ort ein Gefühl von Unverwechselbarkeit und Einzigartigkeit.«
Andrew Simms, New Economics Foundation[33]

Ich möchte einen dritten Ansatz vorschlagen, eine neue *Große Vision* für unsere Zeit, welche sich als die wichtigste und epochalste Veränderung des modernen Denkens herausstellen könnte. Es ist die Vision von lokaler Resilienz als Faktor der Wirtschaftsentwicklung. Es ist die Vision einer doppelten Reduzierung – die unserer Öl-Abhängigkeit und unserer CO_2-Emissionen –, aber auch davon, Entscheidungsbefugnisse wieder auf die lokale Ebene zurückzubringen. Dazu ist es notwendig, die Kontrolle über die Erfüllung unserer Grundbedürfnisse wieder in die eigenen Hände zu nehmen und neue Unternehmensformen sowie neue Wirtschaftsaktivitäten zu fördern. Es ist eine Vision, die wir auf den folgenden Seiten rund um die Welt in Aktion sehen werden und welche von unten, von der Basis angetrieben wird.

Mein Gefühl sagt mir, dass es eine nahezu universale Einigkeit darüber gibt, dass wir jetzt Arbeitsplätze brauchen, eine aktive

Wirtschaft, stärkere und glücklichere Gemeinschaften und resilientere Städte und Gemeinden. Aber hilft uns die aktuelle Wachstum-um-jeden-Preis-Agenda und ihr Glaube, dass *alle* Wirtschaftsaktivitäten, *alle* Einzelhändler, *alle* Unternehmen gleich und vor allem gleich gut sind, tatsächlich dabei, dies alles zu erreichen? Die kürzlich erstellte Studie zur Entwicklung britischer Haupteinkaufsstraßen (und wie sie erneuert werden könnten) von Mary Portas[34] enthält das folgende Diagramm, das die Veränderung der Anzahl von Geschäften in Großbritannien zwischen 2001 und 2011 in Prozent zeigt. Es ist ein deprimierendes Bild, das die Dezimierung von lokalen, unabhängigen Geschäften und den Aufstieg der Supermärkte dokumentiert.

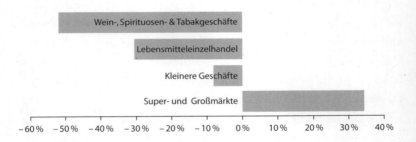

Seit 2001 ist die Anzahl von Supermärkten in Großbritannien um 35 Prozent gestiegen, während alle anderen Arten von Lebensmittelgeschäften zurückgegangen sind.

Aus: Department for Business, Innovation and Skills/Genecon and Partners (2011): Understanding High Street Performance, Daten aus: Verdict Research (2011): UK Town Centre Retailing.

Über 97 Prozent des gesamten Lebensmittelverkaufs entfallen inzwischen auf nur noch 8.000 Supermärkte in Großbritannien; ein Muster, das sich zunehmend in anderen Teilen der Welt wiederholt.

Eine Entwicklung, die der frühere Chef von Tesco, Sir Terry Leahy, kürzlich ›Teil des Fortschritts‹ nannte, während er kleine Geschäfte als ›mittelalterlich‹ bezeichnete.[35] Allerdings gibt es aktuell eine Reihe von Studien, die darlegen, dass lokale, unabhängige Unternehmen ganz andere Vorteile für sich verbuchen können als Großunternehmen und Ladenketten.

So hat eine Studie der Federation of Small Businesses in Scotland[36] herausgefunden, dass die Einführung großer Supermärkte zu einem Rückgang der Anzahl herkömmlicher Einzelhändler im Stadtzentrum, einer steigenden Anzahl von Leerständen und einem deutlichen Rückgang der Geschäftsaktivitäten der vorhandenen Einzelhändler führt. Eine Studie von Civic Economics in Salt Lake City, Utah,[37] verglich unabhängige Einzelhändler und Restaurants mit Einzelhandelsketten und landesweiten Restaurantketten: Die lokalen Einzelhändler geben 52 Prozent ihrer Einnahmen an die lokale Wirtschaft zurück, lokale Restaurants 79. (Zum Vergleich: Bei Ketten des Einzelhandels sind es 14, bei Restaurantketten 30 Prozent.)

Eine Studie für New Orleans[38] verglich zwei Flächen von etwa 16.500 Quadratmetern miteinander; die eine bietet 100 unabhängigen Einzelhändlern Platz, die andere beheimatet einen einzigen Supermarkt. Erstere erzielten 105 Millionen US-Dollar Umsatz, von denen 34 Millionen in der lokalen Wirtschaft verblieben, während letzterer 50 Millionen US-Doller umsetzte, von denen allerdings nur acht Millionen US-Dollar vor Ort blieben (außerdem erforderte der Supermarkt 28.000 weitere Quadratmeter Raum für Parkplätze). Eine andere Studie[39] betrachtete 2.953 ländliche und städtische Landkreise in den USA; ihr Ergebnis: Landkreise mit einer höheren Dichte an kleinen Unternehmen in lokalem Privatbesitz weisen ein höheres Einkommenswachstum pro Kopf auf, Landkreise mit einem höheren Anteil an Einzelhandelsketten zeigen hingegen negative Auswirkungen auf das Einkommenswachstum. Die Studie konstatiert, dass durch »die Eröffnung eines einzigen Wal-Marts die Gehälter im Einzelhandel in den umliegenden Landkreisen im Durchschnitt um 0,5 bis 0,9 Prozent zurückgehen.«

In Großbritannien stellte das National Retail Planning Forum in einem Bericht, der pikanterweise zum Teil durch Supermärkte finanziert wurde, fest, dass jedes Mal, wenn ein großer Supermarkt öffnet, durchschnittlich 276 lokale Arbeitsplätze verloren gehen; Auswirkungen, die »im Umkreis von bis zu 15 km« spürbar sind.[40] Wenn also Unternehmensketten ein weniger effizienter Weg zur Schaffung von lokalen Arbeitsplätzen sind, wie sieht es dann mit ihrer Fähigkeit aus, starke und glückliche Gemeinden zu schaffen? Eine bemerkenswerte, umfangreiche Studie aus den USA aus dem Jahr 2006[41] zeigte, dass Gemeinden, die große Supermärkte aufwiesen, weniger gemeinnützige Gruppen und Organisationen verzeichneten, und damit auch über weniger Sozialkapital verfügten. Der Bericht brachte sogar die Existenz großer Supermärkte mit einer niedrigeren Beteiligung bei Wahlen in Zusammenhang! Ihre Hypothese ist, dass der geringere Zusammenhalt in Gemeinden auf dem Verschwinden lokaler Unternehmen gründet, deren entscheidende Funktion die Schaffung von ›sozialem Kitt‹ ist.

Es hat den Anschein, als ob wir auf einem Fließband gefangen wären, das sich in die falsche Richtung bewegt, in eine Richtung die nicht zielführend ist, unsere Bedürfnisse nicht erfüllt und gleichzeitig Reichtum und Macht jenseits unserer Gemeinden konzentriert. Die New Economics Foundation formuliert es so:

> »Das Problem ist, dass die Konsumenten selbst den Verlust lokaler Geschäfte beklagen, aber in einem Teufelskreis gefangen sind, in dem Auswahl und Preis, Arbeits- und Mobilitätsgewohnheiten, Marken und Reklame gemeinsam den Wunsch nach einer lebendigen lokalen Wirtschaft untergraben.«[42]

In einer lokalen und resilienten Wirtschaft sehen wir all das Geld, das den lokalen Wirtschaftskreislauf verlässt, als verpasste Chance an. Ein steigender Prozentsatz des Geldes, das sonst durch Supermärkte, Online-Shopping sowie in Form von Strom- und Nebenkostenrechnungen aus der Region abfließt, verbleibt stattdessen im lokalen Umfeld und ermöglicht Schulungseinrichtungen, neue Unternehmen, neue Investitionsmöglichkeiten und neue Lebensgrundlagen, stärkt die bestehende lokale Wirtschaft und führt dazu, dass alle möglichen neuen kreativen Ideen verwirklicht werden können. Kurz gesagt: Es erfüllt unsere Bedürfnisse besser. Es verkürzt die Distanz zwischen Produzent und Verbraucher und ist deswegen ein entscheidender Beitrag, um unsere Abhängigkeit vom Öl und unsere Kohlenstoffemissionen zu reduzieren. Es ist relativ einfach, sich dieses Konzept am Beispiel unserer Lebensmittelversorgung zu veranschaulichen; aber wenn wir es auch auf Baumaterialien, Energieerzeugung und andere Schlüsselelemente unserer lokalen Wirtschaftssysteme ausdehnen, sehen wir auf einmal ein riesiges Potenzial.

Betrachten wir die Dinge aus diesem Blickwinkel, fällt es uns leicht anzuerkennen, dass wir bestimmten Rahmenbedingungen unterliegen. Aber gerade darin liegen die Chancen; im Prozess des allmählichen Herausfindens, wie eine Postwachstumswirtschaft aussehen kann, steckt die wahre Energie, Kreativität und Dynamik. Dies würdigt, dass wir brillant und kompetent sein können, wir diese Fähigkeiten aber auf eine Zukunft anwenden müssen, die sich von unserer Vergangenheit sehr unterscheidet. Wir können im Grunde genommen jede Welt erschaffen, die wir möchten, solange sie in die Beschränkungen passt, die wir im oben skizzierten ›Neuen Normalzustand‹ kennengelernt haben.

Innerhalb der Erzählung, die wir die *Transition*-Geschichte nennen können (Sie erfahren in Kapitel Zwei mehr darüber, was Menschen tun, um diese zu verwirklichen), ersetzen wir das Ziel des Wirtschaftswachstums durch die Ziele Wohlbefinden, Glück, Gemeinschaft und Verbundenheit. Es ist ein Ansatz, der unser Bedürfnis nach Arbeitsplätzen, wirtschaftlicher Betätigung, stärkeren, glücklicheren und resilienteren Städten und Gemeinden besser erfüllt als derjenige, der momentan als unsere Zukunft propagiert wird. In unseren täglichen Erfahrungen haben wir uns allerdings weiter und weiter davon entfernt, so dass es schwieriger wird, sich die Zukunft so vorzustellen. Ich hoffe, dass die folgende Geschichte diese greifbare Vision für Sie zum Leben erwecken kann.

Der Markt der Hoffnung

Die oben erwähnte 16.500-Quadratmeter-Fläche voller Einzelhandelsgeschäfte in New Orleans erinnert mich an den El Mercado de la Esperanza oder den ›Markt der Hoffnung‹, den ich vor kurzem in Santander an der Nordküste Spaniens besuchte: den größten überdachten Hallenmarkt seiner Art in Kantabrien. Ich landete dort zufällig eines Morgens, als ich nach einer Gelegenheit zum Frühstücken suchte. Der Markt verteilte sich auf zwei Ebenen. Im unteren Stockwerk gab es Meeresfrüchte und Fisch, frisch im Kantabrischen Meer gefangen. Shrimps, Garnelen, Tintenfisch, Muscheln, große Aal-ähnliche Fische, Schollen, Lachs, Thunfisch, Sardinen und einige erstaunlich aussehende Tiere, die ich bisher nur als Fossilien gesehen hatte. Alle lagen auf Eis ausgebreitet in unzähligen Verkaufsständen.

Im oberen Stockwerk gab es eine noch umwerfendere Vielfalt von Lebensmitteln. Obst, Gemüse, eine beeindruckende Vielzahl von Käsesorten, Brot und Backwaren, Fleisch, Kuchen, Eier, Honig, Eingemachtes, riesige Schinken, jegliche Sorten von Hülsenfrüchten in Körben ... Im Gegensatz zu mir bekannten, häufig nur aus Klapptischen aufgebauten Ein-Tages-Märkten war dieser eine permanente

Auslage regional produzierter Produkte auf dem El Mercado de la Esperanza, Santander, Spanien.

Einrichtung. Er war sechs Tage die Woche den ganzen Tag lang geöffnet (abgesehen von der traditionellen Siesta-Pause) und jeder Stand repräsentierte eine eigene Firma (wahrscheinlich seit Generationen in Familienhand). Leere Stände gab es nicht.

Wir wanderten herum, kauften cremigen Ziegenkäse, wunderschöne flache pfirsichähnliche Früchte (eine Spezialität der Gegend), eine Tüte voller köstlicher Mirabellen aus denen ein Saft süß wie Honig floss, Brie-ähnlichen Käse aus der Region (der zwar wie die schlimmsten Kinderturnschuhe roch, denen man unglücklicherweise zu nahegekommen war, aber dafür wundervoll schmeckte) und Brot. Ich bin schon auf ähnlichen Märkten gewesen wie dem English Market in Cork in Irland, dem St. Nicholas Market in Bristol und einigen anderen, aber der El Mercado de la Esperanza war außergewöhnlich.

Während ich mit meinen Einkäufen durch die Gegend lief, fiel mir auf, dass die Gesamtfläche des Marktes ungefähr der eines Supermarktes im Zentrum einer Stadt der Größe Santanders entsprach.

> „Tatsache ist, dass dieses mutmaßliche Chaos in uns eine reiche, bewegende, anschwellende, sterbende, trällernde, singende, lachende, schreiende, weinende, schlafende Ordnung ist. Wenn wir dieser Ordnung nur erlaubten, unsere Bauarbeiten anzuleiten – dann würden die Gebäude, die wir bauen, und die Städte, an deren Bau wir mitarbeiten, die Wälder und Wiesen des menschlichen Herzens werden."
>
> **Christopher Alexander, The Timeless Way of Building (1979)** [43]

Aber anstelle eines einzigen Unternehmens, das diesen Platz füllt, um die Interessen seiner Aktionäre und Investorinnen zu bedienen, existiert hier ein Modell zur Ernährung einer Stadt, mit dem viele hundert Familien ihren Lebensunterhalt verdienen – und dabei gleichzeitig die Hüter des Schicksals ihrer eigenen Unternehmen sind. Freilich konnte man dort auch Erfrischungsgetränke und Chips bekannter Marken kaufen, doch die befanden sich eher in Regalen im hinteren Bereich des Marktes. Der Großteil der angebotenen Waren entstammte der Region und war eng mit ihren Bauern, Lebensmittelproduzentinnen und Fischern verbunden.

Dies war ein Markt der Hoffnung. Es war auch ein Markt der Resilienz und irgendwie verkörperte er das, was wir alle suchen. In diesem Markt war es möglich, Menschen zu treffen, zu lachen und zu schmunzeln, Neuigkeiten aus der Region zu hören, nachzufragen, was andere kaufen und wie man es zubereitet. Dieser Ort ist gemeinschaftsbildend, schafft Arbeitsplätze, fördert die lokale Wirtschaft, feiert regionale Traditionen, bewahrt die Kultur und ist lebhaft und aufregend. Es ist ein Modell, das auch während einer Ölkrise oder Rezession funktionieren kann, so wie es im Verlauf seiner Geschichte – der Markt eröffnete 1904 – tatsächlich unzählige Male passiert ist.

Für mich repräsentiert dieses Modell keine abgeschriebene Vergangenheit, die wie ein Museum überlebt hat, sondern einen kraftvollen Vorgeschmack auf die Wirtschaft der Zukunft, davon, wie unsere Gemeinden und Städte und ihre resilienten lokalen Wirtschaftssysteme aussehen könnten. Also ... was bedeutet das Wort Resilienz eigentlich?

Was ist Resilienz?

Es gibt viele Definitionen und Berge akademischer Arbeiten, die sich mit dem Begriff und der Bedeutung von Resilienz beschäftigen. Manchmal wird Resilienz »als die Fähigkeit eines Systems bezeichnet, äußeren Störungen zu widerstehen und sich während der Veränderung neu zu organisieren, sodass im Grunde dieselben Funktionen, Strukturen und Verknüpfungen erhalten bleiben.«[44] Eine weitere hilfreiche Beschreibung für Resilienz sind die sieben Prinzipien, die Michael Lewis und Pat Conaty in *The Resilience Imperative*[45] aufgestellt haben. Zusammengenommen vermitteln diese eine Idee davon, was in unseren Gemeinden Resilienz erzeugt:

— **2 Grad Celsius:** Temperaturanstieg, den wir nicht überschreiten dürfen, wenn wir einen katastrophalen Klimawandel verhindern wollen.
— **Diversität:** Ein Großteil der Resilienz einer Gemeinde gründet auf ihrer Diversität bezüglich der dort lebenden Menschen, Kulturen, Unternehmen, Landschaften oder wirtschaftlichen Modelle.
— **Modularität:** Stellen Sie sich vor, man würde versuchen, einen Weltrekord im Umfallen von Dominosteinen aufzustellen. Würde in der Nacht vor dem Versuch nur einer der Millionen Dominosteine aus Versehen umfallen, wäre eine monatelange Arbeit um-

sonst gewesen. Deswegen lassen Menschen, die sich an derartigen Rekorden versuchen, in regelmäßigen Abständen Lücken frei; fällt ein Stein um, ist nicht das ganze System betroffen. Diese Lücken sind ein Schlüsselelement der Resilienz dieses Systems. Anstatt übermäßig miteinander verbunden und voneinander abhängig zu sein, sollten wir zusehen, dass so viele Elemente wie möglich in der Lage sind, nebeneinander und überlappend, aber unabhängig von anderen Teilen des Systems zu funktionieren.

— **Sozialkapital:** Soziale Netzwerke und lebendige Gemeinschaften, in denen Vertrauen, die Fähigkeit zu führen und der Wille, Herausforderungen gemeinsam zu begegnen, zu Hause sind, sind grundlegend resilienter.
— **Innovation:** Eine resiliente Gemeinde muss Lernen, Erforschen und Anwenden fördern und wertschätzen sowie Raum für Experimente schaffen.
— **Überlappung:** Es hilft ungemein, wenn wir nicht nur isoliert arbeiten oder in sehr zentralisierten, hierarchisch organisierten Institutionen, sondern wenn sich unsere Aufgabenbereiche überlappen. Durcheinander ist oftmals besser als ein durch und durch rationalisiertes System.
— **Kurze Feedback-Schleifen:** Sie haben zur Folge, dass wir die Auswirkungen unseres Handelns so früh wie möglich erfahren. Bevorzugen wir beispielsweise Lebensmittel aus der Region, können wir die Auswirkungen unserer Wahl unmittelbar beobachten; bei über große Distanzen transportierten Lebensmitteln ist dies nur schwer möglich. Derartiges Feedback führt dazu, dass wir uns mehr Gedanken über die Konsequenzen machen.
— **Verantwortung für die Umwelt:** Eine resiliente Gemeinde berücksichtigt die Auswirkungen ihrer Aktivitäten auf das Ökosystem, anstatt diese Auswirkungen nach dem Motto ›aus den Augen, aus dem Sinn‹ einfach irgendwohin zu verlagern.

> „Der Grundsatz der Resilienz legt ein anderes, ergänzendes Konzept der Schadensminimierung und Eindämmung nahe: unsere Institutionen neu zu gestalten, unsere Kommunen zu ermutigen, Innovationen und Experimente zu fördern und die Menschen so zu unterstützen, dass sie auf Überraschungen und Zusammenbrüche vorbereitet sind und damit umgehen können, obwohl wir natürlich daran arbeiten, diese abzuwenden."
>
> **Andrew Zolli & Ann Marie Healy, Resilience (2012)** [46]

Wir sind die Feuerwehr

Was oben als ›Neuer Normalzustand‹ beschrieben wurde, ist nichts anderes als eine riesige Herausforderung. Wer könnte also bereit sein, um zur Rettung der Wirtschaft in Ihrer Region herbeizueilen und die neue *Große Vision*, die ich beschrieben habe, in die Praxis umzusetzen? Lassen Sie uns diese potenziellen Heldinnen und Helden der Reihe nach vom Sockel stürzen:

— **Regierungen?** Es ist sehr unwahrscheinlich, dass von einer Regierung irgendeine merkliche Unterstützung für die wirtschaftliche Regeneration oder die Stärkung der Resilienz Ihrer Stadt oder Gemeinde initiiert oder finanziert wird (und es ist immerhin in erster Linie Ihr Geld). Staats- und Landesregierungen neigen dazu, reaktiv statt proaktiv zu handeln.

— **Große Unternehmen?** Es kann sein, dass einige Leute einen neuen Supermarkt oder ein neues Einkaufszentrum in Ihrer Gegend als wirtschaftlichen Aufschwung betrachten, aber die Erfahrung zeigt mittlerweile, dass in vielen Fällen die Auswirkungen auf die Resilienz der lokalen Wirtschaft in erster Linie negativ sind.
— **Reiche Wohltäter?** Unwahrscheinlich.
— **Stadtverwaltungen?** Die sind auch pleite.
— **Der geheimnisvolle Millionär?** Ich fürchte, so etwas gibt es nur im Fernsehen.
— **Jemand anderes?** Es fällt mir schwer, dieser Liste noch irgendjemanden hinzuzufügen. Lassen Sie es mich wissen, wenn Ihnen jemand einfällt.

Der Punkt, auf den ich hinaus will, ist ziemlich simpel: Angesichts dieses ›Neuen Normalzustandes‹ wird niemand zu Hilfe geeilt kommen, den Brand zu löschen und Sie oder Ihre Gemeinde zu retten. Es gibt keine Wunderlösung; keine einfache Zauberformel für diese komplexe und facettenreiche Herausforderung ineinandergreifender Probleme.

Es ist klar, dass die Mehrheit der mächtigsten Regierungen der Welt längst entschieden hat, Maßnahmen gegen den Klimawandel auf die lange Bank zu schieben und sich mit einem Temperaturanstieg von mindestens zwei Grad Celsius abzufinden. Darüber hinaus ist längst beschlossen, dass die zur Neige gehenden konventionellen fossilen Brennstoffe durch Teersande und Schiefergas ersetzt werden sollen. Dass wir die oben aufgeführte Reihe potenzieller Unterstützer komplett streichen mussten, könnte uns entmutigt und teilnahmslos zurücklassen. Ich bin jedoch der Meinung, dass das Gegenteil der Fall sein sollte. Es ist wahr, dass wir uns in unbekannten Gewässern bewegen, von denen niemand weiß, wie man auf ihnen am besten navigiert; aber die Ideen, auf die *Sie* kommen, sind genauso zulässig und wichtig wie die aller anderen. Letztlich ist das Ende eines Abschnitts nur der Beginn eines neuen. Die Geschichten, die ich in diesem Buch erzählen möchte, sollen davon handeln, was passiert, wenn normale Menschen entscheiden, dass *sie selbst* die Feuerwehr sind; dass *sie selbst* diejenigen sind, auf die sie gewartet haben. Sie holen sich nicht erst die Erlaubnis von irgendjemandem ein. Sie tun einfach etwas. Einfallsreiche, spielerische, ernsthafte Dinge, die die Welt verändern.

Vielleicht deckt es sich nicht mit Ihren Erfahrungen, dass der Versuch, etwas zu ändern, wirklich etwas verändert. Vielleicht ist es Ihnen noch nicht passiert, dass irgendjemand Ihre Ideen wirklich ernst nimmt. Sie haben vielleicht nicht das Gefühl, dass Sie die Fähigkeiten oder das Selbstvertrauen haben, um dort, wo Sie leben, etwas von Bedeutung umzusetzen. Aber viele Menschen haben die Erfahrung gemacht, dass man etwas tun und erreichen kann, indem man dort anfängt, wo man sich befindet, und das anwendet, was wir ›offenen Optimismus‹ nennen. Dieser offene Optimismus ist die praktische Anwendung einer inneren Überzeugung: Wenn Sie an die Möglichkeit des Wandels glauben, ist seine Verwirklichung umso wahrscheinlicher und Sie *können* damit die Welt um sich herum verändern. Sie können klein oder groß anfangen, das liegt bei Ihnen. Fangen Sie mit etwas an, was sich machbar anfühlt, was Sie begeistert und was Sie mit Leidenschaften erfüllt.

Die Große Vision in der Praxis: der regionale Wirtschaftsplan für Totnes & Umgebung

Wie kann dieser alternative Ansatz einer wirtschaftlichen Regeneration in der Praxis aussehen? Anfang 2013 veröffentlichte das REconomy-Projekt von *Transition Town Totnes* gemeinsam mit anderen lokalen Organisationen die Totnes & District Local Economic Blueprint, den

Regionalen Wirtschaftsplan für Totnes und seine Umgebung. Maßgeblich beteiligt waren unter anderem der Stadtrat der Gemeinde, die regionale Handelskammer, der Totnes Development Trust, Schulen und Hochschulen der Region und andere. Input kam ferner auch von der Landesverwaltung South Hams.

Ein solcher Plan wurde in Großbritannien bislang noch nicht vorgelegt und so sprach die Parlamentsabgeordnete der Region, Dr. Sarah Wollaston, von »einem Meilenstein in den Bemühungen zur Identifizierung des wirtschaftlichen Nutzens der Lokalisierung von Unternehmen und Lieferketten«.

Die beteiligten Organisationen verbrachten ein Jahr mit der Untersuchung der lokalen Wirtschaftsprozesse und der Identifizierung von Möglichkeiten zur Transformation und Konzentration auf Unternehmen rund um das Konzept, die Resilienz der Gemeinden als zentralen Punkt der wirtschaftlichen Entwicklung zu begreifen. Im Rahmen der Erstellung des Plans wurden die Schlüsselelemente der lokalen Wirtschaft im Detail untersucht, um zu prüfen, wo die Gemeinde ihr Geld ausgibt, damit die potenziellen wirtschaftlichen Vorteile benannt und beziffert werden konnten, welche ein Programm bewusster (Re-)Lokalisierung mit sich bringen könnte. Dabei wurden die Bereiche Lebensmittel, erneuerbare Energien, Gebäudesanierung und (weniger detailliert) Gesundheitsversorgung betrachtet. Nachfolgend eine kurze Zusammenfassung des Konzepts, entnommen aus dem Vorwort des Berichts:

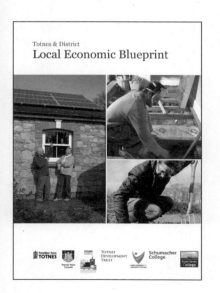

»Dieser Bericht identifiziert ein Potenzial von mehreren Millionen Pfund zur Schaffung neuer Arbeitsplätze, zum Aufbau neuer Unternehmen und zur Unterstützung bestehender Firmen im Bezug auf die Sicherung ihrer Existenz. Sein Fokus liegt auf einer nachhaltigen wirtschaftlichen Entwicklung, die von den Menschen vor Ort getragen und von den Gemeinden umgesetzt wird, um neue Lebensgrundlagen zu schaffen. Gleichzeitig stellt er sicher, dass wir uns ernähren und unsere Treibstoffrechnungen und CO_2-Emissionen verringern können, über eine sicherere Anlage für unsere Ersparnisse und Renten verfügen und uns um die kümmern, die es am nötigsten haben.«

Einige der wichtigsten Erkenntnisse des Berichts waren:
— Bis zu 22 Millionen Pfund (ca. 26 Millionen Euro) fließen jährlich aus der Lebensmittelwirtschaft in Totnes ab. Wenn man nur zehn Prozent davon als Umsatz von lokalen Unternehmen für lokale Produkte erzielen könnte, würden damit jedes Jahr 2,2 Millionen Pfund in der lokalen Wirtschaft verbleiben.
— Gebäude in der Region energieeffizienter zu machen, könnte eine Wertschöpfung zwischen 26 und 75 Millionen Pfund (ca. 31 bis 90 Millionen Euro) bedeuten; würden wiederum nur zehn Prozent dieser Summe investiert, entspräche dies einem Betrag von mindestens 2,6 Millionen Pfund.
— Das regionale Potenzial für erneuerbare Energien wird mit einem Wert von 6,4 Millionen Pfund (ca. 7,6 Millionen Euro) pro Jahr beziffert; eine zehnprozentige Realisierung würde einen Wert von 600.000 Pfund für die lokale Wirtschaft bedeuten.

Ein konzertierter Anstoß dieses Zehn-Prozent-Ziels könnte 5,5 Millionen Pfund (ca. 6,5 Millionen Euro) Auftragsvolumen in die schwächelnde lokale Wirtschaft bringen und viele Arbeitsplätze für Fachkräfte schaffen. Nun könnte man argumentieren, dass diese

5,5 Millionen Pfund aus anderen Wirtschaftssystemen (in Großbritannien und anderen Gegenden der Welt) entzogen werden und das Ganze nichts anderes darstellt als eine unnötige Verschiebung von Finanzen, aber dies geht an der Sache vorbei.

Die 2,2 Millionen Pfund, die dieser ›Zehn-Prozent-Wechsel‹ allein im Lebensmittelsektor innerhalb des lokalen Wirtschaftskreislaufs hält, erzeugen einen viel größeren ökonomischen Nutzen, als wenn das Geld in Einzelhandelsketten ausgegeben würde, nämlich ein Mehr an Resilienz, Unternehmertum sowie sozialer und wirtschaftlicher Teilhabe. Wenn dies überall geschähe (es laufen schon weitere Pilotstudien in Hereford und Brixton und die Erfahrungen hieraus werden rasch verbreitet), könnte sich schon bald herausstellen, dass dies der kompetentere Weg ist, lokale Wirtschaftssysteme zu regenerieren, statt sie lediglich für räuberische Handelsketten zu öffnen, die nur auf Profitmaximierung fokussiert sind und deren Ankunft gewöhnlich zu einer allgemeinen Verdrängung von Arbeitsplätzen führt und nicht zu deren Schaffung. Der Rest der 5,5 Millionen Pfund, die der Plan identifiziert, repräsentiert nichts anders als neue Märkte: neue Möglichkeiten, die andernfalls nicht genutzt würden und die ein Bottom-up-Ansatz wie dieser viel kompetenter zugänglich machen und realisieren kann.

Mit anderen Worten: Der Ansatz des lokalen Wirtschaftsplans ist besser dazu geeignet, unsere wirtschaftlichen wie sozialen Bedürfnisse zu erfüllen.

Wie könnte dieser Anstoß in der Praxis aussehen? Es gibt bereits Pläne zur Stärkung und Förderung der lokalen Lebensmittelproduktion und deren Lieferketten, was besonders Menschen mit geringem Einkommen zugutekommen wird. Maßnahmen für die Förderung der Energieeffizienz und Gebäudesanierung (im Gegensatz zum Neubau) sowie den Aufbau von Kompetenz in der Region werden bereits ergriffen. Gemeinsam mit großen Organisationen ist man dabei herauszufinden, wie deren Lieferketten dabei helfen könnten, diesen Prozess anzutreiben und die Entwicklung einer Infrastruktur mit erneuerbaren Energien zu unterstützen.

Der Regionale Wirtschaftsplan für Totnes legt nahe, dass es gegenüber der herkömmlichen Art zu wirtschaften eine Alternative gibt; einen anderen Weg zur Überwindung unserer wirtschaftlichen Probleme und anderer Schwierigkeiten. Die Stadträtin Jill Tomalin aus Totnes brachte es auf den Punkt: »Ich glaube, es ist für Totnes noch nie ein wichtigeres Projekt erarbeitet worden, als dieses Konzept.« Sie können den Wirtschaftsplan für Totnes übrigens unter www.transitiontowntotnes.org/groups/reconomybusinessnetwork/economicblueprint/ einsehen und herunterladen. Im nächsten Kapitel werden wir uns im Detail ansehen, wie wir diese Veränderung auf den Weg bringen können, aber lassen Sie uns zuvor einmal Bilanz ziehen.

Was für ein Gefühl hinterlässt all dies bei Ihnen?

Es ist ein guter Zeitpunkt, um innezuhalten und einiges zu reflektieren. Vielleicht haben Sie das Gefühl, als ob sich Ihr Blickwinkel auf die Welt gerade immens verschoben hätte. Die Zukunft, die Ihnen von zahllosen Werbespots und Experten verkauft wird, ist wahrscheinlich nicht die, die Sie vorfinden werden, wenn Sie dort ankommen. Angst kann aufkommen: Was wird passieren, wenn wir die Veränderungen nicht rechtzeitig hinbekommen, wenn der Klimawandel ungebremst voranschreitet? Oder Wut: Es muss ja wohl irgendjemand irgendwas

> „Die kognitive Dissonanz, die wir fühlen, wenn das BIP steigt und wir uns immer müder, gestresster und ängstlicher fühlen, ist real und muss auf den Prüfstand gestellt werden."
> **Calvin Jones, Cardiff Business School**[47]

tun! Oder Trauer, über das, was wir verlieren, und darüber, was auf zukünftige Generationen zukommt.

Vielleicht wirkt die große Dimension dieser Sachverhalte erdrückend und Sie wollen sich dem, wie viele andere, lieber verschließen und sich ablenken, weil Sie einfach nicht die Zeit oder Ressourcen haben, sich darum zu kümmern. Es ist schon genug los, vielen Dank auch. Die vor uns stehenden Probleme sind riesig und für die meisten von uns ist es ungewohnt zu glauben, dass wir in dieser Größenordnung etwas tun können. Wenn wir uns derart abwenden, kann es so aussehen, als ob uns das alles gleichgültig ist, aber tatsächlich bewegt es die meisten von uns sehr – nicht nur innerhalb unserer Familien; wir sorgen uns auch um unsere Mitmenschen, die Orte an denen wir leben und angesichts der Zukunft, die unsere Kinder erben werden. Was wir brauchen, sind Werkzeuge, die uns helfen, eine kreative, aktive und selbstbefähigende Antwort zu finden. Um in der Lage zu sein, diese Probleme anzugehen, müssen wir uns zusammentun, um uns nicht allein zu fühlen. Und wir brauchen einen gangbaren, möglichen Weg – um zu sehen, dass unsere Handlungen tatsächlich Veränderung bewirken können. Dieses Buch handelt von solchen *Möglichkeiten*.

Wenn Sie die Informationen in diesem Kapitel aufgewühlt haben, empfehle ich Ihnen, rauszugehen und sich mit ein paar Menschen zusammenzusetzen, in deren Gesellschaft Sie sich wohl fühlen und denen Sie vertrauen. Schaffen Sie etwas Zeit und Raum, um sich darüber zu unterhalten, was Sie bis hierher gelesen haben. Welche Gefühle hat das bei Ihnen ausgelöst? Welche Gedanken entstehen? Welche Hoffnungen, welche Ängste? Mit anderen Worten, geben Sie sich den Raum, um zu *verdauen*, was Sie gelesen haben. Sie werden merken, dass es gut investierte Zeit ist.

Passiert dies vielleicht schon?

Sie haben vielleicht das Gefühl, dass der von mir beschriebene Wandel noch weit von uns entfernt ist, aber es gibt jetzt schon ein paar sehr ermutigende Entwicklungen zu beobachten. Hier nur ein paar Beispiele:

— Die Deutsche Bank hat gezeigt, dass der globale Markt für Solarenergie 2014 tragfähig wird, und zwar ohne Subventionen zu benötigen.[48]
— Die steigenden Benzinkosten haben 2010 dafür gesorgt, dass sich Umsätze verschoben haben: in Geschäften außerhalb der Stadt sind sie gegenüber vergleichbaren Geschäften in der Stadt um zwölf Prozent gesunken.[49]
— In Italien sind im Jahr 2011 erstmals seit 40 Jahren wieder mehr neue Fahrräder als neue Autos verkauft worden.[50]
— 51 Prozent aller Anlagen für die Erzeugung erneuerbarer Energien in Deutschland befinden sich im Besitz von Einzelpersonen oder Bauernhöfen. Dahinter stehen Privatinvestitionen im Wert

Nur einige der vielfältigen Radmodelle außerhalb des Bahnhofs von Ferrara, Italien.
Foto: Cristiano Bottone

von 100 Milliarden US-Dollar (ca. 75 Milliarden Euro) in saubere Energien,[51] wodurch über 90.000 Arbeitsplätze geschaffen wurden.[52]
— Die Anzahl der Fahrräder in Großbritannien ist seit 2007 um 18 Prozent gestiegen.
— Der Wert der 300 größten Genossenschaften der Welt liegt bei 1,6 Billionen US-Dollar (ca. 1,2 Billionen Euro).[53]
— Eine Umfrage im Jahr 2011 kam zu dem Ergebnis, dass ein Drittel aller Erwachsenen in Großbritannien vorhatte, einen Großteil ihrer Lebensmittel im Sommer selbst anzubauen.[54]
— 2012 wurden in Großbritannien 40 Millionen mehr Fahrten mit dem Fahrrad unternommen als zwei Jahre zuvor.[55]
— Aktuell gärtnern weltweit 800 Millionen Menschen in der Stadt und produzieren so 15 bis 20 Prozent aller Lebensmittel.[56]
— Der Stadtrat von Vancouver hat beschlossen, bis 2020 150.000 Obst- und Nussbäume in Alleen, Parks und anderen Flächen, die der Stadt gehören, zu pflanzen.[57]

— 2012 hat eine Studie der Royal Bank of Scotland gezeigt, dass Unternehmen mit einer Fokussierung auf soziale Aspekte schneller gewachsen sind als jeder andere Wirtschaftssektor in Großbritannien.[58]
— In den USA verfügen Unternehmen in Arbeitnehmerhand über ein Vermögen von mehr als 800 Milliarden US-Dollar und beschäftigen rund 10 Millionen Mitarbeiter.[59]
— Die Anzahl der Kurzstreckenflüge in den USA sank zwischen Juni 2007 und Juni 2012 um 24 Prozent; die Kapazitäten wurden angepasst und gingen um 2,3 Millionen Sitzplätze zurück.[60]
— Im April 2011 erließ der Bürgermeister von San Francisco ein Gesetz, das ›Gärtnern in der Stadt‹ in allen Stadtbereichen und den Verkauf von Produkten aus Stadtgärten im gesamten Stadtgebiet ausdrücklich erlaubt.[61]
— Es gibt weltweit dreimal mehr Genossenschaftsmitglieder als Aktionäre.[62]

Kapitel EINS in Kürze

» Alle erfolgversprechenden Antworten auf die Herausforderungen, vor denen wir stehen, müssen weitreichend sein; es wird nicht genügen, ein paar Glühbirnen auszutauschen oder etwas langsamer zu fahren.

» Die neue *Große Vision*, wonach lokales Handeln die Welt verändern kann, könnte unsere Bedürfnisse als Individuen und Gemeinden tatsächlich besser erfüllen als die Vision, die gegenwärtig als die einzig praktikable propagiert wird.

» Wir fangen nicht bei Null an: Es tut sich schon viel!

Kapitel ZWEI

NEUEN MÖGLICHKEITEN
DEN WEG BAHNEN

„Während sich unsere globalisierte, heimatlose Welt immer weiter ausbreitet und Fortschritt zunehmend daran gemessen wird, ob man unterwegs die immer gleichen Firmen-Logos aus den Hotelfenstern im Neonlicht leuchten sehen kann, könnte das radikalste Handeln darin bestehen, sich wieder an einem Ort zu Hause zu fühlen."

Paul Kingsnorth, Real England[1]

Den Horizont erweitern

Basierend auf den Erkenntnissen von Kapitel Eins sehe ich für uns momentan folgende Optionen:

— Hoffen, dass sich alles von selbst löst. (Wird es nicht.)
— Hoffen, dass andere eine Lösung finden. (Werden sie?)
— Sich ein paar Leute schnappen und dies als Chance nutzen, unsere Zukunft an dem Ort, an dem wir leben, mitzugestalten. (Sie sehen, worauf ich hinaus will …)

Die auf den bisherigen Seiten aufgezeigten Herausforderungen sind enorm. Klimawandel? Globale Wirtschaftskrise? Energieknappheit? Schrumpfende Wirtschaft und steigende Arbeitslosigkeit? Es mag sich so anfühlen, als wären wir all dem hilflos ausgeliefert; vor allem da es sich um globale Phänomene handelt. Und das sollten doch dann unsere Regierungen regeln, oder?

Nur: Warten wir auf die Regierungen, wird es zu wenig und zu spät sein. Handeln wir alleine, ist es zu wenig. Aber wenn wir zusammen gemeinschaftlich vor Ort agieren, könnte es gerade noch rechtzeitig, gerade noch genug sein. Alleine können aber auch Gemeinschaften oder kleinere Gruppen die Welt nicht verändern – dies bedarf eines Wandels auf globaler, nationaler, regionaler, örtlicher, wirtschaftlicher, nachbarschaftlicher und persönlicher Ebene. Allerdings ist meiner Erfahrung nach genau dieses mittlere Gebiet – zwischen dem Wenigen, was ich als Einzelner tun kann, und dem, was wir von unseren Regierungen und Institutionen erwarten – absolut entscheidend, sozusagen das fehlende Puzzlestück. Das gemeinschaftliche Engagieren, die neuen lokalen, innovativen und sozialen Unternehmungen, die Möglichkeiten des lokalen Investierens, das Teilen der eigenen Fähigkeiten mit anderen, die Möglichkeiten für Kommunen, ihre eigene Infrastruktur und Versorgungseinrichtungen selbst zu besitzen und weiterzuentwickeln (mehr dazu später): Das Potenzial all dessen ist riesig.

Wenn zum Beispiel eine Stadt oder Region mit den Investitionen ihrer Bürger ihren eigenen Energieversorger gründet, könnte dies die lokalen Behörden zu einem Umdenken veranlassen und ihre bisherige Einstellung zum Thema Energieversorgung und zu ihrer Finanzierung infrage stellen. Und wenn genug Kommunen diesen Weg beschreiten, könnte es die politischen Entscheidungen auf der nationalen Ebene mit beeinflussen. All dies beginnt in kleinen Gruppen, die beschließen, etwas zu tun. Und Sie könnten in einer dieser kleinen Gruppen selbst aktiv sein.

Allerdings hängen wir momentan fest. Die Bürger warten darauf, dass ihre Regierungen beginnen. Und die Regierungen fühlen sich von den Bürgern oft nicht genügend unterstützt und getragen, um die nötigen großen Veränderungen durchzuführen. Politiker und Entscheidungsträger verspüren wenig Rückhalt, wenn es darum geht, die durchaus heiklen Entscheidungen, die eigentlich zu treffen wären, um unsere Ölabhängigkeit und unseren CO_2-Ausstoß zu reduzieren oder unsere lokale Wirtschaft resilienter zu gestalten, auch zu treffen. Unsere überaus wichtige Rolle ist es daher, in den Gemeinden vor Ort den Weg durch konkretes Handeln und lokale Projekte aufzuzeigen, einfach anzufangen, ohne auf die Erlaubnis von jemand zu warten, und konkrete Möglichkeiten aufzuzeigen, kurzum: dem Ganzen reale Gestalt zu verleihen. Man könnte solch ein Vorgehen mit dem Schmieren einer Radnabe vergleichen, wodurch sich ein festgefressenes Rad wieder dreht.

Im vorherigen Kapitel sahen wir, welch enormer Reduzierungen unsere CO_2-Emissionen bedürfen. Eigentlich verfügen wir bereits über alle technischen Bausteine, etwa zur Erzeugung erneuerbarer Energien oder zur Erhöhung der Energieeffizienz; wir verfügen über die Mittel, eine weniger konsumorientierte ›Niedrig-Energie-Gesellschaft‹ zu erschaffen, bei gleichzeitiger Erhöhung unserer Lebensqualität und unseres Wohlbefindens.[2] Was uns fehlt, sind die sozialen ›Werkzeuge‹, um Menschen zu bewegen, diese Vision umzusetzen. Die *Transition*-Bewegung – die wir uns auf den folgenden Seiten näher anschauen werden – ist einer dieser Versuche, solche ›Werkzeuge‹ in die Welt zu bringen.

Wenn Sie an Ihrem Ort eine Gruppe Menschen zusammenbringen und vor Ort Projekte in die Tat umsetzen, welche diesen neuen Ansatz erfahrbar machen, beginnt sich die Geschichte, welche dieser Ort über sich selbst erzählt, zu verändern. In diesem Buch werden Sie zahlreiche derartige Beispiele kennenlernen und an Orte reisen, an denen genau das passiert ist – oft zur Überraschung der Beteiligten selbst.

Mitarbeiter lokaler Institutionen erkennen zunehmend die Wichtigkeit dieser Vermittlerfunktion. Eine Freundin aus Portugal, die als Antwort auf die vielen Probleme ihrer Gemeinde (eines Ortes, dessen Stadtverwaltung mit Fug und Recht als finanziell bankrott zu bezeichnen ist) Menschen aus der Region zusammenführte und eine Graswurzel-Initiative begründete, erzählte von einem Besuch ihres Bürgermeisters, der sie um Hilfe bat. Es entwickelte sich ein langes Gespräch (in dem sie primär zuhörte), an dessen Ende sie beide darin übereinkamen, dass die lokalen Behörden und Initiativen besser zusammenarbeiten und sich gegenseitig unterstützen sollten. Dies führte zu einer neuen Qualität der Beziehung, aus der, wie sie mir sagte, »unsere Kooperation viel stärker hervorgegangen ist« und in der »unsere Gespräche offener, transparenter und weniger stark wertend ablaufen«. Als die lokale Initiative ein Drei-Tages-Event zur ›Ökonomie des Schenkens‹ organisierte, unterstützte sie der Bürgermeister mit kostenfreien Veranstaltungsräumen und übernahm die Kosten für den Druck der notwendigen Materialien.

Ich war schon viele Jahre vor der Gründung von *Transition* aktiv, in diversen Kampagnen und Bewegungen, immer mit dem Versuch, Dinge zu ändern und die Politik der Regierung zu beeinflussen: Ein deprimierendes und oft kräftezehrendes Unterfangen. Im Gegensatz dazu fühle ich mich von dem in diesem Buch vorgestellten Ansatz inspiriert, den Wandel auf einem – global vernetzten – lokalen Level so anzugehen, dass es sich tatsächlich so anfühlt, als ließe sich etwas bewegen. Ich hoffe sehr, dass es Ihnen ebenso geht wie mir.

Sie werden selber Methoden entwickeln und anwenden und diese Methoden sowie Ihre Einsichten und Erfahrungen mit anderen Menschen teilen, die Ähnliches in ihren Städten und Gemeinden umsetzen. Sie werden die verschiedenen Interessengruppen Ihrer Kommune einladen, sich zusammenzusetzen und über ihre jeweiligen Rollen nachzudenken. Sie werden anfangen, durch viele diverse Projekte – welche durch sich gegenseitig stützende und kräftigende Strukturen getragen werden – die Welt nach Ihren Vorstellungen und Wünschen zu verändern. Und Sie werden mitbekommen, wie im positiven Sinne aufregend es ist, die beginnenden Veränderungen um sich herum wahrzunehmen.

Der Ansatz von Transition

»Es ist unheimlich wichtig, nicht zu viele Regeln zu kennen. Wenn du zu viele Regeln und Hindernisse kennst, wendest du viel Zeit auf, um mit ihnen umzugehen. Weißt du nicht, dass es eine Regel gibt, legst du einfach los.« **Beryl Vertue, Fernsehproduzent**

Transition ist nur eine von vielen Verkörperungen der Idee, dass lokales Handeln die Welt verändern kann, und nur ein Versuch unter vielen, einen Kontext zu erschaffen, in dem die dringend benötigten praktischen Lösungen entstehen können. Es ist ein Ansatz, den ich persönlich mitentwickelt habe. Vielleicht ist Ihnen schon einmal der Begriff *Transition Town* begegnet oder Ihnen ist eine *Transition*-Initiative in Ihrer Gegend aufgefallen. Es handelt sich um ein Experiment, gestartet von einer Gruppe leidenschaftlicher Enthusiasten, welches sich seitdem wie ein Buschfeuer ausbreitet, sich in den ungewöhnlichsten Plätzen manifestiert sowie mittlerweile an Tausenden von Orten in über 40 Ländern der Erde zu Hause ist.

Eine nützliche Sichtweise auf das *Transition*-Konzept ist zum Beispiel diese: *Transition* ist eine Vision über eine mögliche Zukunft, gleichzeitig aber auch eine optimistische und praktische Idee. Eine Bewegung, bei der Sie sich selbst mit einbringen können, denn auch um Sie herum gibt es optimistische und praktisch veranlagte Menschen. Es ist etwas, was Sie tatsächlich selbst tun können. Eigentlich gibt es so vieles, was Sie tun könnten. So vieles …

Der *Transition*-Ansatz ist selbstorganisiert und von den Aktiven selbst gesteuert. Wo immer eine Initiative entsteht, sieht sie anders aus, und trotzdem ist *Transition* darin erkennbar. Sie werden Initiativen in Bellingham, Bologna, Bristol oder Brasilien finden. Es ist ein

> „Sobald Dinge praktisch umgesetzt werden, Dinge, die die Leute sehen und anfassen können, verändert sich etwas in der Kultur. Ein spürbarer Wandel greift Raum und die Realität beginnt sich zu verändern."
>
> **José Martín, Coín en Transición**

gigantisches soziales Experiment. Und ebenso ein großer Spaß! Und es ist eigentlich ziemlich egal, ob Sie es *Transition* nennen oder nicht.

Sie können sich *Transition* wie Open-Source-Software vorstellen. Jeder, der mitmacht, hat darauf Zugriff, wendet es bei sich vor Ort an und ist dadurch auch Teil der Weiterentwicklung. Und diese Beiträge, Verbesserungen und Einsichten sind wieder anderen zur Verwendung zugänglich. (Mehr dazu in den Abschnitten ›Der Wandel in Aktion …‹ in Kapitel DREI). Stellen Sie es sich als selbstorganisierendes System vor, befeuert durch die Ideen und den Enthusiasmus der beteiligten Personen. Stellen Sie sich *Transition* wie Tausende dezentrale Forschungs- und Entwicklungsstätten vor, jede mit neuen Ansätzen, aber alle so miteinander vernetzt, dass wenn immer gute Ideen und Lösungen erscheinen, diese umgehend weitergegeben und repliziert werden können.

Transition in der Praxis

Im Laufe des Buches werden wir noch viele Beispiele sehen, aber hier schon mal vier Appetizer als Vorgeschmack darauf, wie *Transition* vor Ort aussehen kann; sie lassen uns schon die Verschiedenheit der Projekte erahnen und geben uns ein Gefühl für deren Wirksamkeit.

Transition Streets
Totnes

Die Idee des von *Transition Town Totnes* initiierten *Transition Streets*-Projekts ist einfach. Sie gehen Ihre Straße entlang, klopfen an die Türen und überzeugen sechs bis zehn Nachbarn, sich insgesamt siebenmal zu treffen (einmal reihum in jeder Wohnung). Jede Woche steht dabei unter einem bestimmten Thema (Ernährung, Energie, Wasser, Mobilität u.v.m.) und jeder Haushalt bekommt dazu ein Arbeitsbuch voller Tipps und Ideen. In Totnes wurden so durchschnittlich in jedem der 700 teilnehmenden Haushalte ca. 1,3 Tonnen CO_2 pro Jahr eingespart (und dazu je ca. 750 Euro!). Als größten Erfolg des Projekts verbuchten die Teilnehmenden im Übrigen die Tatsache, dass man die Nachbarn besser kennengelernt hat – ein interessantes Ergebnis einer nach Projektende initiierten Umfrage! *Transition Streets* gewann 2011 den Ashden Award für Verhaltensänderung. Es ist ein Ansatz, um Menschen aus der Nachbarschaft zusammenzubringen und praktisch ganz ›nebenbei‹ auch noch deren CO_2-Bilanz deutlich zu verbessern. Eine schon vielerorts angewandte, hervorragende Methode, um die Resilienz von Städten und Gemeinden zu erhöhen.

Mehr Details dazu unter: www.transitionstreets.org.uk (Englisch) und www.transition-initiativen.de/transitionstreets (Deutsch)

Links: Eine der Gruppen teilte sich das mitgebrachte Essen. Foto: Andrew Aichtison,
Rechts: Das Follaton Community Cinema ging aus einer *Transition Streets* Gruppe hervor
Foto: Martin Foster

„Nach meinem Krankenhausaufenthalt musste ich – während ich stark unter dem Einfluss von Beruhigungsmitteln stand – unterschreiben, dass zu Hause ständig jemand an meiner Seite sein würde, zwölf Stunden lang. Meine Nachbarn wechselten sich ab und so war immer jemand bei mir. Hätte ich sie durch unsere Gruppe nicht so gut kennengelernt, hätte ich sie vielleicht nie um Hilfe gefragt."

Ein Teilnehmer des Transition Streets Projekts in Totnes[3]

Ca. ein Drittel der Teilnehmenden installierte bei sich eine Photovoltaik-Anlage.
Foto: Lou Brown

Transition Gasketeers
Malvern

Die Kleinstadt Malvern besitzt 104 viktorianische Gaslampen, die alle unter Denkmalschutz stehen und ein wichtiger Teil der Geschichte des Ortes sind (sie inspirierten zum Beispiel die Gaslaternen in C.S. Lewis *Narnia*-Büchern). Ihr Betrieb und ihre Wartung ist kostspielig; besonders für eine finanziell nicht gerade auf Rosen gebettete Gemeinde. Darf ich vorstellen: ›The Gasketeers‹, oder auch die *Transition Malvern Hills Light Group*, welche zusammen mit dem lokalen Unternehmen Sight Designs erst alle Lampen untersuchte und dann mit neuen Brennern und Spiegeln wieder instand setzte. Dies führte zu einer deutlich höheren Lichtstärke bei geringerer Lichtverschmutzung, einer über 70-prozentigen Reduktion des Gasverbrauchs, der Betriebskosten und des CO_2-Fußabdrucks sowie einer Reduzierung der Wartungsarbeiten um 80 Prozent. (Sie werden momentan von Lynn gewartet, der ersten voll zertifizierten Gaslampen-Technikerin Großbritanniens). Die *Gasketeers* untersuchen momentan, ob die Lampen auch mit lokal erzeugtem Biogas betrieben werden können.

> „Wir bringen die Gaslaternen ins 21. Jahrhundert. Das erforderte einiges an Forschung und Entwicklung. Wir handeln, statt nur darüber zu reden; wir lernten schnell und entsprechend steil verlief unsere Lernkurve."
>
> **Gasketeer Brian Harper**[4]

Die Lernkurve war steil, aber ebenso gab es einen Schub an Innovationen und Experimenten: Es wurde beispielsweise eine neue Firma gegründet, die sich auf Straßenlampen mit geringem CO_2-Fußabdruck spezialisierte. Ferner wurden drei Arbeitsplätze geschaffen, die Ausgaben von vier beteiligten Landkreisen verringert und bereits nach drei Jahren waren die Investitionen wieder eingespielt.

Darüber hinaus haben die *Gasketeers* LED-›Gas‹-Lampen entwickelt, welche bei minimalem Stromverbrauch ein Licht erzeugen, das von ›normalem‹ Gaslicht fast nicht zu unterscheiden ist (diese Idee hat sich bereits über die Gemeindegrenzen herumgesprochen und auch andere Landkreise haben großes Interesse bekundet). Der Fantasie waren keine Grenzen gesetzt und so arbeitet man an einer Methode, um die Laternen in der Malvern Hills Conservation Area mit den ›Hinterlassenschaften‹ der Hunde zu betreiben, die dort regelmäßig Gassi gehen! Ein Problem führte so zur Entwicklung einer sichtbaren, umfassenden Lösung und hat *Transition* in der Region sehr bekannt gemacht.

Eine der 104 Gaslaternen von Malvern – fachgerecht gewartet von einem Malvern *Gasketeer*. Foto: Nathan Burlton

Sustaining Dunbar
Dunbar

Die *Transition*-Initiative *Sustaining Dunbar* begann damit, ein Strategiepapier vorzulegen, eine mit einem Zeitplan ausgestattete Vision dafür, wie Dunbar's Wandel wohl aussehen und ablaufen könnte. Geboren war der Local Resilience Action Plan, LRAP, der Lokale Resilienz Aktionsplan.

> »Mit unserem LRAP möchten wir die große, langfristig notwendige Reduktion unserer CO_2-Emissionen erreichen, denn nur so können wir unsere Abhängigkeit von den fossilen Energieträgern eliminieren. Wir müssen unbedingt auch die strukturell nötigen Veränderungen in unserer lokalen Wirtschaft angehen, statt lediglich eine Vielzahl von Projekten zu starten, welche nur schnelle und einfache Lösungen bringen.« **Philipp Revel, Projektkoordinator, Sustaining Dunbar**

Der LRAP führte zu klaren Vorstellungen darüber, wie eine kohlenstoffarme Zukunft aussehen kann, sowie zu ersten konkreten Schritten, diese Zukunft Realität werden zu lassen. Die Basis dafür wur-

> „... eine stärker lokal ausgerichtete, dynamische und resiliente Wirtschaft kann uns nicht nur bei der Bewältigung der vor uns liegenden großen Herausforderungen helfen, sondern unserer Meinung nach auch großartige Gelegenheiten schaffen: Für sinnvolle Betätigungen, das Entwickeln neuer Fertigkeiten, die Stärkung lokaler Netzwerke und die Kräftigung der lokalen Wirtschaft."
> **Sustaining Dunbar's LRAP beschreibt ihre Vision**[5]

Der Bäcker Ross Baxter (rechts) aus Dunbar mit einem Gast aus Ungarn.
Foto: Philip Immirzi

de durch eine Umfrage unter den 1.500 Bewohnern geschaffen. Die Resultate aus der Praxis sahen zum Beispiel so aus:

— Household Canny Challenge: Unterstützung und Beratung für lokale Haushalte in den Bereichen Energie sparen, organischen Abfall verwerten, laufen und Rad fahren, Nahrungsmittel selbst anbauen und Kompostierung mit Würmern.
— Dunbar Community Bakery: eine Bäckerei, die von 500 Bürgern aus der Gemeinde mit insgesamt 50.000 Pfund (ca. 60.000 Euro) finanziert wird (jede Person ist mit mindestens 50 Pfund beteiligt).
— Dunbar Community Kitchen: ein Trainingszentrum für lokale Köche, welches sich in Richtung einer Solidarischen Landwirtschaft hin entwickeln wird (ein Modell, welches Konsumenten und Landwirte zum gegenseitigen Nutzen miteinander verbindet).
— Ein öffentlicher Gemeinschaftsgarten auf dem Gelände des lokalen Krankenhauses.
— Last, but not least wurde gemeinsam mit den lokalen Behörden beschlossen, die Idee und die Konzeption der Nachhaltigkeit und Resilienz in die strategischen lokalen Planungen zu integrieren.

Bristol Pound
Bristol

Diese Komplementär-Währung für Bristol und Umgebung wurde im September 2012 ins Leben gerufen. Sie wurde so ausgestaltet, dass sie parallel (komplementär) als Ergänzung zum Britischen Pfund verwendet wird, dieses also nicht komplett ersetzt. Das *Bristol Pound* ist ein mächtiges Werkzeug, welches kürzere Lieferketten ermöglicht (die gleichzeitig weniger abhängig von fossilen Brennstoffen sind), die lokale Bevölkerung besser mit der lokalen Wirtschaft verbindet und ein Abfließen von Profiten an weit entfernte, anonyme Investoren und Offshore-Steuerparadise verhindert. Das *Bristol Pound* gibt es in zwei Varianten: 1) Als von den Bürgern Bristols selbst gestaltete, wunderschöne Banknoten, die überall in der Stadt in teilnehmenden Läden in Britische Pfund umgetauscht werden können. 2) Als Bezahlverfahren namens TXT2PAY, welches zusammen mit der Bristol Credit Union betrieben wird und den Mitgliedern das Zahlen via SMS erlaubt (und das nicht nur mittels Smartphones!).

„Bristols neu gewählter Bürgermeister George Ferguson wird ihrer Königlichen Hoheit Queen Elisabeth II. heute ein Set druckfrischer *Bristol Pounds* während ihrer Jubilee Tour überreichen. Überreicht wird diese frühe Edition eines *Bristol Pounds*-Sets in einer handgenähten Lederbörse, hergestellt von Hrothgar Stibbon, einem traditionsbewussten Sattler aus Ashton. Gestaltet wurden die Banknoten von Bürgerinnen Bristols; dabei verzichtete man bewusst auf die Abbildung eines Porträts der Königin."

Aus einer Pressemitteilung von Bristol Pounds[6]

Bristols neuer Bürgermeister George Ferguson (rechts) verkündet, dass die Händler im St. Nicholas Markt ihre Standgebühren in *Bristol Pound* zahlen können.
Foto: Stadtrat von Bristol

Unternehmen können sogar ihre lokalen Steuern zum Teil in *Bristol Pound* zahlen und die Stadtverwaltung sowie verschiedene größere Unternehmen gestatten ihren Mitarbeitern, einen Teil ihres Gehalts ebenfalls in dieser lokalen Währung zu beziehen.

Im November 2012 verkündete George Ferguson – der neu gewählte Bürgermeister von Bristol –, dass er sein komplettes Gehalt in *Bristol Pound* beziehen würde.[7] Zum Zeitpunkt der Drucklegung dieses Buches sind es bereits viele Hundert lokale Läden und Unternehmen, die das *Bristol Pound* akzeptieren; 270 davon sogar über das Zahlverfahren via SMS. Über 180.000 Pfund (ca. 200.000 Euro) wurden schon in *Bristol Pound* umgetauscht und es wird geschätzt, dass dies lokale Wirtschaftsaktivitäten auslösen wird, deren Wert mit 1,8 Millionen Pfund (ca. zwei Millionen Euro) beziffert wird. Momentan wird daran gearbeitet, auch regenerativ erzeugte Energie mittels *Bristol Pounds* bezahlen zu können.

Weitere Informationen unter: www.bristolpound.org.

Neuen Möglichkeiten den Weg bahnen

Transition als wirtschaftliche Herangehensweise

Transition trägt auf Graswurzelebene zur Schaffung einer Postwachstumsökonomie bei; als ein weiterer Beitrag, um die in Kapitel Eins skizzierte *Große Vision* Realität werden zu lassen. Die *Transition*-Idee akzeptiert einfach nicht, dass wir weitere Jahre einer visionsfreien Austeritätspolitik ertragen müssen und dass dann – Abrakadabra – wie von Zauberhand die Wirtschaft erneut wachsen wird, damit wir alle wieder kräftig shoppen können. In dieser neuen Postwachstumsökonomie werden sich Unternehmen meiner Meinung nach durch folgende Eigenschaften auszeichnen: Sie agieren stärker **lokal** – das heißt ›schwere‹ Güter wie Nahrung und Baumaterialien werden so nah wie möglich an dem Ort angebaut oder hergestellt, an dem sie auch konsumiert oder verwendet werden, wohingegen ›leichte‹ Güter – wie gute Ideen oder Software – auch durchaus über weite Entfernungen bezogen werden können. Ebenso werden sie die Idee der **Resilienz** als Teil ihrer Firmenkultur verinnerlicht haben, um die Widerstandsfähigkeit und Robust-

„Wir sehen *Transition*-Initiativen, wir sehen eine Revitalisierung von Städten und Gemeinden und die Gründung neuer Unternehmensformen – öffentlich/private Hybride, Profit/non-Profit-orientierte Hybride, Genossenschaften, Initiativen zu öffentlichen und genossenschaftlichen Banken ... das ist sehr ermutigend und wir alle können uns dort einbringen. Es ist im Grunde eine lokale Ökonomie des Wiederherstellens: Eine Ökonomie, welche mithilft, Menschen, Familien, Nachbarschaften, die Umwelt und die Ökosysteme wiederherzustellen."

Gus Speth, in einem Interview mit Roger Cohn (2013)[8]

> „Untersuche, ob das *Transition*-Modell auf deinen Ort anwendbar ist, und schätze ein, wie effektiv es dabei sein wird. (15 Punkte) Untersuche kritisch die Aussage, dass Graswurzel-Bewegungen wie die *Transition*-Initiativen den Auswirkungen des Klimawandels wahrscheinlich erfolgreicher begegnen als die Regierungen." (25 Punkte)
> **A-Level-Prüfungsfrage im Fach Sozialkunde (2012)**[9]

heit einer Gemeinschaft gerade in Hinblick auf stürmischere Zeiten zu stärken, unter gleichzeitiger Erhöhung der Lebensqualität (siehe Seite 41 f). Wo immer möglich sollten sie auch **Vermögenswerte zurück in den Besitz der Gemeinschaft/Kommune bringen,** um der Stadt oder Gemeinde die Kontrolle über ihre Zukunft zurückzugeben und die Finanzmittel zu erwirtschaften, die zur Ausweitung des Relokalisierungsprozesses benötigt werden.

In allem, was diese Unternehmen in der Postwachstumswirtschaft tun, sollten Sie eine **Low-Carbon-Strategie** verfolgen – als Zeichen ihrer Anerkennung dafür, wie wichtig und dringlich eine schnelle Dekarbonisierung aller Aspekte unseres Lebens ist. Wir sollten die **natürlichen Grenzen** unseres Planeten respektieren, da wir nicht länger in einer Welt unbegrenzter Kredite, Ressourcen und Energie leben. Und schließlich sollten sie sich **nicht nur der Mehrung ihres eigenen Profits verpflichtet fühlen,** sondern in verschiedensten Unternehmensformen in Erscheinung treten, etwa in Kooperativen, Genossenschaften oder als Social Entrepeneurs. Die Anhäufung von Sozialkapital sollte mindestens genauso geschätzt werden wie der monetäre Gewinn.

Brauchen wir Transition wirklich?

Vielleicht fragen Sie sich gerade, ob es nicht schon genug aktive Gruppen gibt und ob wir so etwas wie *Transition* überhaupt brauchen? Welchen ›Mehrwert‹ bietet es?

Ein Hauptaspekt dabei ist sicher, dass *Transition* bezüglich der Frage »Wie kommen wir dahin, wo wir hin wollen?« zu einem gemeinschaftlichen Vorgehen ermutigt und dabei so viele lokale Organisationen wie möglich in einem inklusiven Prozess mit einbeziehen möchte.

Transition fungiert oft als Katalysator und Brutkasten neuer Ideen und Möglichkeiten. Ebenso bietet es Unterstützung an und eine Struktur, die bis dahin isoliert voneinander existierenden Projekten helfen kann, sich zum Beispiel zu vernetzen. *Transition* kann den gesamten Prozess befördern, indem es ein Bewusstsein dafür schafft, wie wichtig Gruppenprozesse sind, wie Gruppen funktionieren und wie sich die Mitglieder gegenseitig unterstützen können. So lassen sich die auch in solchen Projekten leider viel zu häufig auftretenden Burn Out-Zustände bei Aktiven erkennen und reduzieren. Es kann ebenfalls sehr hilfreich sein, sich als Teil eines großen Netzwerks von Gemeinschaften und Kommunen zu fühlen, die alle ihre Erfahrungen untereinander teilen: Manchmal fühlt man sich in seinem Projekt sehr einsam, manchmal scheint das, was man tut, unwichtig zu sein. Aber wenn Tausende Initiativen weltweit ihren Faden in das große Ganze weben, so ergibt dies doch etwas sehr Beeindruckendes und Starkes.

Viele der in diesem Buch vorgestellten Projekte entstanden im Rahmen von *Transition*-Initiativen. Dies illustriert gut, wie der *Transition*-Ansatz – wenn gewünscht – Struktur und Koordination in ansonsten vielleicht völlig unabhängige, parallel laufende Projekte bringen kann. Anstatt zum Beispiel einfach nur eine lokale Währungs-Initiative zu starten, lässt sich dies vielleicht von Anfang an mit dem ebenfalls gerade gegründeten Solidarischen Landwirtschafts-Projekt, einer gerade gegründeten Genossenschaft und der Planung eines neuen Markts verknüpfen. Eine *Transition*-Initiative zeigt oft, dass das Ganze größer ist als die Summe seiner Einzelteile.

Die Kraft der Möglichkeiten: Resilienz neu definiert

»Als Gott ein Lebewesen erschuf, formte er es zuerst in Ton. Dann ließ er es in der Glut der Sonne aushärten. Dann entzog er es der Sonne, ließ es abkühlen und hauchte ihm Leben ein. Abschließend zog er ihm eine Haut über, wie einen engen Pullover.«
Ted Hughes, How the Tortoise Became (1963) [10]

Wandel, weil wir ihn wollen!

Werden wir, wie viele behaupten, erst dann auf die großen Herausforderungen unserer Zeit reagieren, wenn wir gar nicht mehr anders können? In diesem Buch versuche ich zu zeigen, dass wir vielleicht – ganz vielleicht – schon vorher den nötigen ›Hunger‹ auf die dringend notwendigen Änderungen erzeugen können. Wie am Ende von Kapitel Eins erwähnt, wurden im Jahr 2011 erstmals seit 40 Jahren in Italien wieder mehr Fahrräder als Autos verkauft. Dies liegt wahrscheinlich daran, dass sich die meisten Menschen dort kein Auto mehr leisten können. ›Peak Car‹ ist in immer mehr Teilen der Welt zu registrieren, hervorgerufen durch wirtschaftliche Zwänge, aber auch durch Kampagnen, die Radfahren sicherer und attraktiver machen.

Dieses veränderte Mobilitätsverhalten in Italien wurde für mich spürbar, als ich 2012 die Stadt Ferrara besuchte (siehe Foto S. 52). Jeder schien dort Rad zu fahren. Räder waren überall. Mein Gastgeber Pierre erzählte mir, dass seit dem Beginn der Krise 2008 die Leute ihre zum Teil sehr alten Räder aus ihren Schuppen und Kellern zerrten, den Staub entfernten, die Räder wieder instand setzten und anfingen, sie wieder zu benutzen. Trotz des Fehlens von Radwegen in Ferrara scheint es dort eine friedliche Koexistenz von Radfahrern und Autofahrern zu geben. Mir wurde erzählt, dies würde nach dem ›Prinzip der heiligen Kühe‹ Indiens funktionieren, bei dem die Autofahrer permanent damit rechnen, dass die Radfahrer jederzeit unvorhersehbar agieren könnten – plötzliche Richtungswechsel und Abstoppen inklusive (dort, wo ich lebe, gelten Fahrradfahrer eher als ›Opferlämmer‹). Einige der Fahrradmodelle, die an mir vorüberzogen, hatte ich nicht mehr gesehen seit ich fünf Jahre alt war – große schwere Dinger ohne Gangschaltung. Als ein gelungenes Beispiel einer CO_2-freien und resilienten Art, sich fortzubewegen, war es ein großartiger Anblick.

Die Räder in Ferrara zeigen, wie schnell der Wandel eintreten kann, aber wie wenig wir ihn bemerken, wenn wir selbst mittendrin stecken. Dies gilt auch für die Aktiven in Bottom-up-Prozessen, über die wir im nächsten Kapitel mehr erfahren werden. Den Engagierten fällt oft gar nicht auf, wie viel sie mit ihren Aktionen und angestoßenen Prozessen schon erreicht haben. An diesem wunderbaren Abend in Ferrara, an dem die örtliche *Transition*-Initiative eine großartige Veranstaltung organisiert hatte, wurde ein sehr langer Bindfaden herumgereicht. An ihm war eine große Menge Postkarten befestigt, von denen jede eine der Aktionen beschrieb, welche *Ferrara Città di Transizione* seit ihrer Gründung irgendwann einmal initiiert und durchgeführt hatte. Der Faden wurde weiter und weiter gereicht und

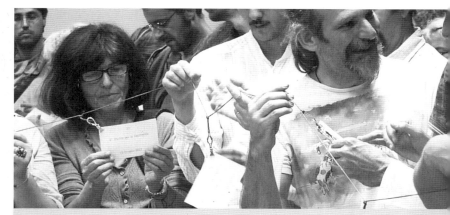

Aktive von *Ferara Città di Transizione* erinnern sich an all ihre Aktionen, die sie seit ihrer Gründung durchgeführt haben. Foto: Christiano Bottone

schien nicht aufzuhören. Das physische Weiterreichen der Geschichten war sehr bewegend, denn es erinnerte die Anwesenden an all das, was in der Vergangenheit getan und erreicht wurde. Es gab ihnen ein Gefühl für die Größe des Wandels, den sie schon mit angestoßen hatten. In einer Atmosphäre gegenseitiger Wertschätzung wurde dabei viel gelacht und der Abend gemeinsam genossen.

Den Fokus auf die Möglichkeiten richten, nicht auf Wahrscheinlichkeiten

Eines meiner zentralen Anliegen ist, dass wir uns mit *Möglichkeiten* auseinandersetzen und nicht *Wahrscheinlichkeiten* hinterherlaufen. Wahrscheinlichkeiten sind seit vielen Jahren ein großes Thema der Ökobewegungen. Wie hoch ist die Wahrscheinlichkeit, dass bis dann und dann dieses und jenes passiert? Dass wir diesen Messwert, diese CO_2-Konzentration in der Atmosphäre, diesen ›Kipp-Punkt‹ zu dem und dem Datum erreichen oder überschreiten werden? Auch wenn dies alles sehr wichtige Aspekte sind, hat das Fokussieren auf *Möglichkeiten* eine ganz andere, eigene Stärke.

Wenn wir uns auf *Möglichkeiten* konzentrieren, entwickeln wir Energie nicht nur in Bezug auf das, was wir erschaffen könnten, sondern auch in Bezug auf die Rolle, die wir dabei spielen. In meiner Tätigkeit als Permakultur-Lehrer war eine meiner liebsten Übungen mit den Studenten eine normale Straße entlangzugehen; ihre Aufgabe war es, sich vorzustellen, wie es dort sein *könnte*, wenn in dieser Gegend nach dem Konzept der Permakultur gewirtschaftet würde. In ihrer Fantasie sahen die Studierenden Dinge wie an die Wohnhäuser angebaute Gewächshäuser, sie beschrieben Gemüsegärten und Weinreben, die an den Häusern emporkletterten, Solaranlagen auf den Dächern, Gemeinschaftsgärten und erzählten von Zäunen, die es längst nicht mehr gab. Was ich hier vorschlagen möchte, ist, sich diesen Prozess auf der Ebene von Kommunen und Städten vorzustellen. Ich möchte alle dort ansässigen Menschen in diese ›Welt der lokalen Möglichkeiten‹ einladen und sie dahingehend unterstützen und ermutigen, den Schritt zu wagen, um aus den *Möglichkeiten* Realitäten werden zu lassen.

Eigentlich sehen wir unsere Rolle darin, die Geschichten zu verändern, die ein Ort über sich selbst erzählen kann. Als wir *Transition* in meinem Wohnort Totnes starteten, war es für uns der Beginn eines ökologischen Prozesses. Aber heute, nach sieben Jahren, sehen wir, dass es sich eher um einen kulturellen Prozess handelt, der danach fragt, was notwendig ist, um die Kultur eines Ortes so zu verändern, dass er bestens vorbereitet ist auf eine Zeit möglicher Unsicherheiten und starken Wandels.

Der frühere Manager des Fußballteams Crystal Palace beschrieb Resilienz einmal als ›Wiederaufsteh-Fähigkeit‹. Dieser Definition – und den früheren Definitionen in diesem Buch – würde ich gerne noch eine andere, davon sehr verschiedene Definition hinzufügen.

Nachdem ich nun einige Jahre selbst in meiner Nachbarschaft, in meiner Gemeinde Teil dieses Prozesses war und ihn auch in vielen anderen Orten beobachten konnte, glaube ich, dass die Resilienz einer Gemeinschaft/eines Ortes am besten durch die Handlungs- und Projekt-*Möglichkeiten* beschrieben wird, die eine Kommune *glaubt*, zur Verfügung zu haben. Und bezugnehmend auf das Zitat von Ted Hughes auf Seite 73 begreife ich Resilienz als ein Maß dafür, wie *Transition* – oder ähnliche Initiativen – einer Gemeinschaft neue Möglichkeiten aufgezeigt hat, sodass diese in Zeiten wachsender Unsicherheiten das Gefühl verspürt, über verschiedenste Optionen verfügen zu können. Bei der Entwicklung derartiger Möglichkeitsspektren mitzuhelfen, ist vielleicht der wichtigste Aspekt unserer Arbeit.

Kapitel ZWEI in Kürze

» Um lokales Handeln in der nötigen Größenordnung Realität werden zu lassen, benötigen wir passende Werkzeuge, ein gutes Modell und etwas Unterstützung.

» *Transition* ist ein Versuch dies umzusetzen; ein Ansatz, der sich wie von selbst in inzwischen über 40 Länder der Erde ausgebreitet hat.

» Es handelt sich dabei um ein Experiment: Keiner weiß genau, wie man es umsetzt, aber zusammen können wir es herausfinden.

» *Transition* ist ein Modell des kulturellen Wandels, welches unser Augenmerk auf die Möglichkeiten lenkt, die wir haben, und darauf, wie es uns gelingt, das Beste aus ihnen zu machen.

Kapitel DREI

DIE KRAFT DES EINFACH-JETZT-MACHENS

„Wenn Du ein Schiff bauen willst,
dann trommle nicht Männer zusammen,
um Holz zu beschaffen,
Aufgaben zu vergeben und
die Arbeit einzuteilen, sondern
lehre die Männer die Sehnsucht
nach dem weiten, endlosen Meer."

Antoine de Saint-Exupéry

Eine Einladung

Als Kultur bewegen wir uns momentan in eine Richtung, welche die Sehnsüchte der Gegenwart über die Erfordernisse der Zukunft stellt. Unbeirrt geben wir unsere Abfälle, Kredite und unser Klimachaos – alles Folgen eines an kurzfristigen Interessen ausgerichteten Handelns – an zukünftige Generationen weiter. Dies ist nicht nur kurzsichtig, es entwertet auch viele Lebensbereiche, die zur Zeit nicht monetär erfasst sind (etwa die Betreuung unserer Kinder und Großeltern) und ist darüber hinaus so strukturiert, dass Macht und Reichtum in den Händen einer kleinen Elite konzentriert sind. Wenn wir nichts dagegen unternehmen, geben wir dadurch stillschweigend unsere Zustimmung und Unterstützung.

Daher folgt hier nun eine Einladung, Teil von etwas ziemlich Besonderem zu werden. Eine Einladung an Sie, selbst daran Teil zu haben und Geschichte zu schreiben. Weltweit sind jetzt schon einige positive Tendenzen erkennbar: Die Gesundheitsversorgung bessert sich, Frauen werden zunehmend gleichgestellt, das Bildungsniveau steigt ebenso wie die Alphabetisierungsrate; aber auch die am Ende von Kapitel Eins skizzierten Beispiele gehören dazu. Wie können wir hierauf aufbauen, wie eine Gesellschaft erreichen, welche die nötigen Limits respektiert, um nicht über die prognostizierten Grenz- und Kipppunkte hinweg in einen sich selbst verstärkenden Klimawandel zu geraten? Noch haben wir die Gelegenheit, unsere Richtung zu ändern und eine Gesellschaft zu formen, die auf den Fundamenten der Gerechtigkeit und Fairness, des Wohlergehens und der Freude, des Unternehmergeistes und der Vitalität regionaler Wirtschaftskreisläufe gebaut ist, kurzum: eine resiliente, nachhaltige Gesellschaft des Miteinanders.

Der Grund, warum wir aufbrechen, die Ärmel hochkrempeln und Dinge in die Hand nehmen, ist ganz einfach: wir sorgen uns um unsere Familien, unsere Mitmenschen und um das Schicksal der Welt. Außerdem sorgen wir uns auch um uns selbst. Ziel dieses Kapitels ist es, Einblicke in unsere *Transition*-Aktivitäten zu geben: Wir wollen Sie teilhaben lassen an unseren Erfahrungen, daran, wie es sich anfühlt, all dies in die Tat umzusetzen. Es gibt natürlich noch eine Menge anderer Bewegungen, aber über diese hier weiß ich persönlich am besten zu berichten.

Im Folgenden möchte ich ein paar Wegweiser setzen, ein paar Hinweise geben, worüber Sie nachdenken sollten, wenn Sie erwägen, den ersten Schritt dieser Reise zu wagen. Und Sie werden einige Ratschläge von Leuten bekommen, die bereits mitten in der Umsetzung sind.

Den Stein ins Rollen bringen

Diesen Aspekt des *(Transition-)*Prozesses habe ich in zwei Teile unterteilt: Im ersten Teil geht es darum, wie eine Gruppe sich zusammenfindet, um eine *(Transition-)*Initiative zu beginnen; im zweiten werfen wir einen Blick auf die Evolution der Gruppe und auf die Weiterentwicklung der Initiative.

Sich zusammenfinden und eine Initiativgruppe bilden

Diese spezielle Reise lässt sich nicht gut alleine antreten – in einer Gruppe reist es sich hier viel besser. Vielleicht kennen Sie andere schon durch andere Gelegenheiten und haben sich womöglich auf einer Veranstaltung getroffen, die von einer einfallsreichen Initiatorin organisiert wurde. Vielleicht haben Sie alle dieses Buch zum Geburtstag geschenkt bekommen und fühlen sich nun inspiriert, etwas anzustoßen. Wie es auch immer sein mag – was könnten denn einige nützliche Fähigkeiten sein, um einfach loszulegen?

Anna O'Brien von *Transition Hackney* hat die folgende Liste von Eigenschaften zusammengestellt, die solch eine Initiativgruppe in ihrer Entwicklung benötigen wird (vielen Dank dafür, Anna!):

1. **Eine Menge Zeit**, um sich für die Sache einzusetzen und um lange genug dabei zu bleiben, bis alles läuft.
2. **Soziale Kompetenz**: wissen, wie man Treffen abhält, Leute mit unterschiedlichen Hintergründen willkommen heißt, wie man gut zuhört, Meinungsverschiedenheiten managt und falls nötig mit Konflikten umgeht.
3. Die Fähigkeit, **Befugnisse und Verantwortung** gerecht und transparent **aufzuteilen**.
4. **Realistisch sein**: Klarheit haben über die Umsetzbarkeit von Projekten, wissen, was Sie von Freiwilligen erwarten können und wie wichtig es ist, strategisch zu denken.
5. **Verlässlichkeit**: das zu Ende zu führen, was Sie sich gegenseitig zugesagt haben.
6. Ihre Rolle als **Initiator** sehen und annehmen, denn eines Ihrer Ziele ist es, den Boden für die Nachfolgenden zu bereiten. Eventuell nehmen Sie selbst auf Dauer gar keine zentrale Rolle in der Gruppe ein.
7. **Erfahrung darin, Gruppen zu leiten** und zu organisieren: wie baut man passende Strukturen auf, wie gestaltet man Zusammenkünfte, wie verteilt man Rollen, wie bringt man Prozesse ins Laufen, welche eine Gruppe effektiv arbeiten und sich entwickeln lassen.

8. **Diverse weitere Fähigkeiten** – von der digitalen Kommunikation über den passenden Internetauftritt bis hin zu öffentlichen Vorträgen und der Kreation adäquater Flyer und Materialien.
9. **Gute Verbindungen** zu Menschen und Organisationen in Ihrer Stadt, Ihrem Ort oder Ihrer Gemeinde.

Es ist sehr wahrscheinlich, dass Sie nicht alle diese Fähigkeiten von Anfang an mitbringen. Sie können sich aber Leute suchen, die diese Fähigkeiten haben. Zusätzliche Unterstützung gibt Ihnen auch der Kurs *Werkzeuge des Wandels* (das frühere *Training for Transition*), der *Transition Leitfaden* und weitere *Transition*-Ressourcen.[1] In Kanada brachte die Initiativgruppe der *Transition Prince Rupert* zwar enorm viel Enthusiasmus mit, aber sie stellten bald fest, dass es ihnen an einigen dieser Fähigkeiten fehlte. Also stellten sie ein *Transition 101* zusammen, eine Art Crash-Kurs für ihre Gruppe. Dazu trafen sie sich an mehreren Abenden und erarbeiteten einen Leitfaden, den sie nun anderen *Transition*-Gruppen zur Verfügung stellen.[2]

Vielleicht entscheiden Sie, dass der beste Weg über die Gründung einer Initiativgruppe führt. Die Funktion einer solchen Gruppe ähnelt der von Pionierpflanzen; Ginster, Brombeere, Birke sind die ersten, die sich auf degradiertem Land ansiedeln. Doch im Verlauf der Weiterentwicklung wird das Ökosystem komplexer und die Pioniere verschwinden. Hier ist es Ihre Rolle, Menschen aus der Nachbarschaft für die Themen, die wir im Verlauf des Buches aufgeführt haben, zu begeistern und zusammenzubringen, um daraus eine funktionierende Gruppe zu bilden. Es braucht eine Organisation und eine adäquate Struktur, damit die kollektive Energie auch zu kreativen und praktikablen Lösungen führt.

Einen Anfang machen

Doch nun zurück zu Ihrer Gruppe. Die Initiativgruppe trifft sich nun öfter. Sie haben einen Rahmen vereinbart, wie Sie zusammenarbeiten werden, und haben vielleicht schon begonnen, in Ihrer Gruppe und Umgebung ein Bewusstsein für Probleme und mögliche Lösungswege zu schaffen sowie Netzwerke und Partnerschaften vor Ort zu knüpfen. Der nächste Schritt könnte nun sein, verschiedene Arbeitsgruppen (AG) zu initiieren, zum Beispiel Gruppen für Ernährung, Energie, Bildung oder Wohnen. Wichtig dabei ist, dass sich alle AG-Aktiven für die Themen interessieren und begeistern können.

Ihre Initiativgruppe setzt diesen Schritt eventuell über verschiedene Veranstaltungen um, wobei jede einen speziellen Themenschwerpunkt hat und dazu genutzt wird, Aktive für die entsprechende Arbeitsgruppe zu finden. Sie können ihre Veranstaltungen auch mal groß aufziehen – wie eine öffentliche Gründungsfeier – und dies als Möglichkeit nutzen, Menschen auf die unterschiedlichen Arbeitsgruppen hinzuweisen und zum Mitmachen einzuladen. Sie können auch eine Veranstaltung organisieren, die speziell dafür dient, als Katalysator für die Bildung von Arbeitsgruppen zu wirken, oder Sie können aktiv geeignete, engagierte Personen aus ihrem lokalen Umfeld werben, von denen Sie denken, dass sie sehr gut geeignet sind, sich einer der neu entstehenden Arbeitsgruppen anzuschließen.

Menschen neigen dazu, sich immer dann für Dinge zu engagieren, wenn sie mit Leidenschaft dabei sind. Falls Ihre *Transition*-Initiative über längere Zeit hinweg immer neue Leute anziehen soll, werden ihre Arbeitsgruppen für neue Mitglieder offen sein müssen. Die Initiativgruppe wird sich auch mit anderen Organisationen verknüpfen und Veranstaltungen organisieren, im Rahmen derer neue Aktive sich einbringen können. In einigen *Transition*-Initiativen reift innerhalb der Initiativgruppen irgendwann die Erkenntnis, dass es an der Zeit ist, sich langsam zurückzuziehen und das Steuer an eine sich neu formende ›Kerngruppe‹ zu übergeben, welche die Initiative dann langfristig koordiniert. Oft besteht diese Kerngruppe aus Repräsentanten der Arbeitsgruppen und der Projekte aus der Praxis. Manchmal besteht sie zusätzlich auch aus Menschen mit organisatorischem Geschick, anderen nützlichen Fähigkeiten oder guten lokalen Verbindungen. Die Rolle dieser Kerngruppe ist es, zu koordinieren und Zusammenhalt über die verschiedenen Arbeitsgruppen hinweg zu schaffen, während sie die einzelnen Arbeitsgruppen dazu befähigt, so selbstständig wie möglich zu agieren. Wenn es anfängt, sich so anzufühlen, als ob diese Kerngruppe an der Spitze einer Hierarchie steht und den Aktiven sagt, was sie tun sollen, versuchen Sie, dieses Gedankenbild auf den Kopf zu stellen und die Struktur wie eine Blume zu sehen, wie den Blütenstand des Fenchels, bei der ein Stiel wiederum viele kleine Blüten hervorbringt und trägt.

Um Engagement in Ihrer Stadt, Ihrem Ort oder Ihrer Gemeinde zu stärken, wird es ein paar Bereiche geben, um die Sie sich ebenfalls kümmern müssen, wenn Sie die Verantwortung an neue Aktive übergeben möchten. Eine Organisation aufzubauen – besonders wenn Sie im Laufe der Zeit versuchen sollten, Fördermittel zu bekommen oder Leute einstellen möchten – kostet Zeit und benötigt praktisches Wissen. Des Weiteren gibt es ein paar Dinge, die die praktische Arbeit aller erheblich erleichtern und die nur einmal gemacht werden müssen: eine Homepage einrichten, ein Bankkonto eröffnen, Versicherungen abschließen und eine gemeinsame Öffentlichkeitsarbeit organisieren (um nur einige zu nennen). In vielen Fällen kann man von einer Art ›zentralen Projektunterstützungs-AG‹ sprechen, die dabei entsteht und die entweder aus Freiwilligen gebildet wird oder – während sich die Initiative entwickelt – auch mal von bezahlten Mitarbeitern (so wie seit ein paar Jahren bei *Transition Town Totnes*), die diese Rolle zur Unterstützung aller weiteren Arbeitsfelder übernehmen.

Der Wandel in Aktion in ...
Crystal Palace, London

Rachel de Thamples Ehemann nahm 2010 an einer Veranstaltung über ›Bio-Getränke‹ teil und erzählte danach euphorisch über etwas namens *Crystal Palace Transition Town* (CPTT), eine noch sehr kleine Gruppe mit nur wenig mehr als einer aktiven Facebook-Seite. Im November nahm Rachel dann selbst an ihrer ersten CPTT-Veranstaltung teil. Es war eine Filmvorführung geplant – doch der Film ging irgendwo verloren, was sich im Nachhinein als Glück im Unglück herausstellen sollte. Denn anstelle des Films wurde eine kurze Einführung über *Transition* gezeigt und es bildeten sich danach spontan zahlreiche kleine Gruppen, in denen rege diskutiert wurde. Im folgenden Frühjahr war Rachel schon Teil der Kerngruppe und ihr Lieblingsprojekt, die Errichtung eines Gemeinschaftsgartens im Westow Park, machte gute Fortschritte. Ihr Ziel war durchaus ungewöhnlich: »Ich dachte mir, ich starte mal ein kleines Experiment. Ich wollte wissen, ob es nicht möglich ist, die Zutaten für eine komplette Mahlzeit selbst anzubauen – und zwar in London. Und warum sollte diese Mahlzeit nicht gleich das größte Festmahl des Jahres sein, nämlich das Weihnachtsessen!?«

Die Gruppe organisierte eine Filmvorführungsreihe, um die Initiative in Schwung zu halten, um neue Ideen zu erkunden und neue Leute einzuladen, die sich engagieren. Sie bemerkten, dass die Veranstaltungen immer dann sehr gut besucht waren, wenn alle Mitglieder persönlich zehn Leute einluden. Das Kernteam fing dann an, sich monatlich zu treffen, um das zu tun, was Rachel »die langweiligen Dinge« nennt: eine Satzung schreiben, sich darüber einigen, wie die Inititative arbeiten wird, ein Bankkonto einrichten und so weiter.

Im November 2011 war die Gruppe erschöpft – Satzungen schreiben ist in der Tat nicht gerade spannend; aber sie war auch zufrieden, dass dieser entscheidende Teil nun abgeschlossen war. Glücklicherweise war das nächste Treffen extrem lebendig, denn es stießen ein paar neue Leute mit frischer Energie hinzu – eine wunderbare Quelle der Inspiration, die der Gruppe frischen Schwung verlieh. Dies war teilweise auch den praktischen Projekten zu verdanken, die nun anliefen, aber auch einer Beobachtung, von der Joe Duggan mir berichtete: »Uns wurde immer klarer, wie wir unsere Treffen konzipieren mussten, damit sie positiv und produktiv verliefen«. Darüber hinaus konzentrierten sie sich auf Aktivitäten, die ohne zu viel Aufwand an Energie zu organisieren waren, aber das Profil der Gruppe stärkten.

Die Initiative traf sich ganz bewusst an öffentlichen Orten in ihrem Stadtteil Crystal Palace. Eine der Arbeitsgruppen war beispielsweise damit beschäftigt, einen lokalen Obst- und Gemüsemarkt aufzubauen. Die Gruppe traf sich in einem lokalen Café, was den Besitzer dazu veranlasste, sich mit einzubringen. Doch damit nicht genug: Auch der Vorsitzende der Handelskammer nahm an einem der Treffen teil und gab praktische Ratschläge. Im Oktober gewann der Gemeinschaftsgarten die prestigeträchtige Auszeichnung *People's Garden* des Londoner Foodnetworks *Capital Growth*. Dieses Projekt, mit seinen Lehrveranstaltungen, regelmäßigen Workparties und seinem ›Käfer-Club‹ für die Kinder, hat eine unglaubliche Dynamik entwickelt und es entstand eine ganze Reihe neuer sozialer Unternehmen daraus, wie *Palace Preserves*, ferner vier weitere Gemeinschaftsgärten und ein Projekt namens *Palace Pint*, welches Hopfen in Gärten und Höfen des Stadtteils anbaut.

Rachel sieht die Aufgabe der Kerngruppe im Managen der Finanzen und der Kommunikation sowie darin, Tipps und Ratschläge zu geben. Die Kerngruppe ist gleichermaßen »der Kit, der die verschiedenen Projekte zusammenhält«. So können etwaige Differenzen erkannt werden und es wird allen Beteiligten deutlich, wie groß das Ganze ist, von dem sie ein wichtiger Teil sind. »Es geht vor allem um Unterstützung«, sagte sie mir. Die meisten Kerngruppentreffen sind offen für neue Mitglieder (was in anderen Initiativen nicht immer der Fall ist). Geschlossene Treffen werden dennoch auch mal, wenn nötig, abgehalten – entweder um schwierige Projekte voranzubringen oder um Dinge ganz einfach erledigt zu bekommen.

> „In einer Großstadt ist Gärtnern wohl das Trotzigste, was man tun kann."
> **Aus einem TED Talk von Ron Finley**[3]

Neue Arbeitsgruppen bildeten sich: Jemand initiierte eine Abfall-Gruppe, denn er hatte die Aktivitäten von CPTT auf Facebook mitverfolgt; ein anderer gründete eine neue Mobilitäts-Gruppe, denn er hatte an mehreren CPTT-Veranstaltungen teilgenommen und trug diese Idee schon länger in sich. *Palace Power* möchte eine gemeinschaftliche Solarenergie-Firma nach dem Modell von *Brixton Energy* (siehe Seite 148f) aufbauen. Und *Local and Fair* arbeitet daran, den Grundsatz des fairen Handels bekannter zu machen und regionale Geschäfte und Firmen zu unterstützen. Und ja, Rachel hat ihr Weihnachtsfestmahl wirklich wie geplant hinbekommen – auch wenn die Karotten nach dem furchtbaren Sommer 2012 eher mickrig waren.

Größenordnung und Fokus

In welcher Größenordnung lässt sich *Transition* am besten umsetzen? Ist es am besten, wenn Sie Ihre Energie nur auf die unmittelbare Nachbarschaft konzentrieren? Oder ist Ihr Stadtteil die geeignete Ebene? Oder gleich Ihre gesamte Stadt? Das können Sie völlig frei entscheiden. Was fühlt sich für Sie wie eine gut handhabbare Größenordnung an – eine Größe, bei der Sie spüren, dass Sie Ihre Vorhaben in die Tat umsetzen können? Diese Frage sollten Sie gut bedenken, damit Sie das Beste aus Ihrem Zeit- und Energieeinsatz machen.

Welcher Teil Ihrer Umgebung hat eine eigene und wiedererkennbare Identität? Damit ein Projekt auf Nachbarschafts-/Stadtteilgröße funktioniert, können wahrscheinlich die praktischen Erfahrungswerte von bestehenden *Transition*-Initiativen nützlich sein. In London gibt es zum Beispiel über 40 Initiativen, die auf Nachbarschafts- oder Stadtteilebene arbeiten; *Transition London* fungiert dabei nur als informelles Netzwerk. Ich habe ein paar der Aktiven nach ihrer Meinung dazu befragt. Sarah Steward ist beispielsweise am Aufbau der *Transition*-Gruppe in Meadowbank/Edinburgh beteiligt; sie sagte mir:»Ich denke, dass *lokal* wirklich das direkte Umfeld meint, also das ›Nachbarschafts-lokal‹, das ›lokal‹, das nach dem Motto ›triff-deine-*Transition*-Aktiven-zufällig-auf-der-Straße‹ funktioniert«. Für sie ist ein solches Gebiet gerade so groß, dass man von einem Ende zum anderen laufen kann. Jo Homan von *Transition Finsbury Park* in London sagte mir, dass sie bevorzugt existierende Verwaltungsgebiete nutzt, weil »eine gute Logik hinter den Verwaltungsgebieten steckt, wenn sie gut mit der realen Nachbarschaft übereinstimmen«. Rachel Bodle von *Downham & Villages in Transition* bemerkte, dass in ihrer Region die Nachbarschafts- und Stadtteil-Initiativen sehr gut funktionieren;

sie meint aber auch, dass gerade die formelle Verknüpfung mit den anderen Initiativen in der Stadt das starke Gefühl schafft, zu einer größeren Bewegung dazuzugehören.

Wie kann so etwas wie *Transition* auf der Ebene einer ausufernden Megastadt wie Los Angeles funktionieren? Joanne Poyourow ist eine derjenigen, die sich die letzten vier Jahre mit genau dieser Frage auseinandergesetzt haben. Anfangs begann *Transition* in Los Angeles als ein *Transition Los Angeles City Hub* (ein über die ganze Stadt reichendes Netzwerk nachbarschafts-fokussierter Gruppen). Später entstanden mehrere Initiativen in verschiedenen Stadtteilen. Der *City Hub* half, die frühen Aktiven zu vernetzen und funktionierte für einige Zeit recht gut. Seit Kurzem hat sich der Schwerpunkt zu den lokalen Initiativen hin verschoben: Wenn die Menschen beginnen, stärker auf Projektebene zu denken, wird die lokale Ebene gestärkt, denn die Energie fließt in die Projekte vor Ort. Wie Joanne berichtete, »war der lokale Ansatz entscheidend dafür, ein Gefühl der Zugehörigkeit zu schaffen und wirkliche Verbindungen zu knüpfen (statt nur lockere ›Online-Bekanntschaften‹)«. Sie hat das Gefühl, dass ein die Stadt überspannender City Hub zu einem späteren Zeitpunkt wieder gebraucht werden wird – und betont, dass ein passender Ansatz für jeden Ort anders aussieht: »Dies ist schlicht das, was bei uns in Los Angeles und mit den Menschen hier funktioniert«.

Somit lautet die Antwort, dass es keine einzige Antwort gibt. Die am besten geeignete Größenordnung für die Arbeit Ihrer *Transition*-Initiative wird sich von selbst ergeben, in der Phase des Ausprobierens und der Umsetzung.

Der Wandel in Aktion
in ... Sydney, Australien

2007 hörte Peter Driscoll von *Transition* und traf sich mit zwei weiteren Menschen – sie kamen vom anderen Ende Sydneys und waren ihm total fremd –, die seine Faszination für die *Transition*-Idee teilten. »Die Idee traf bei uns voll ins Schwarze«, berichtete er mir. Sie waren, wie er es ausdrückt, »voller Tatendrang, aber ratlos«, und entschlossen sich nach einigen regelmäßigen Treffen, ein fruchtbares Umfeld aufzubauen, in dem der Wandel Fuß fassen konnte. Dies beinhaltete den Aufbau einer Homepage und die Initiierung von Vortragsveranstaltungen – und schon war der Keim gelegt und die Gruppe wurde stetig größer.

Anfang 2010 entstanden die ersten Initiativen. Inzwischen gibt es acht aktive *Transition*-Initiativen in Sydney: *Transition Bellevue Hill, Transition Canterbury Bankstown, Transition Parramatta, Transition North Shore, Transition Maroubra Beach, Transition Epping, Transition Bondi* und *Transition Inner West*. Während sich viele dieser Initiativen noch in der Anfangsphase befinden, sind einige von ihnen schon im fortgeschrittenen Stadium. *Transition Bondi* ist ein Hort von *Transition*-Veranstaltungen, mit regulären Filmabenden, Gemeinschaftsessen, Strandreinigungs-Aktionen, Gemeinschaftsgärten, einem Stand auf dem Wochenmarkt und vielem mehr. Sie sind zu einem wahren Brutkasten für andere Initiativen geworden, die von Menschen gegründet wurden, die Bondi besuchten und begeistert waren von dem, was dort geschieht. *Transition Sydney* existiert als Netzwerk; es unterstützt neue Initiativen, kümmert sich um Versicherungsfragen und bietet Möglichkeiten, Förderanträge zu stellen.

Der Ansatz, neue soziale Unternehmen aufzubauen und neue lokale Wirtschaftskreisläufe anzukurbeln, hat sich im Australischen Kontext gut umsetzen lassen. *Transition Bondi* ist dabei sehr aktiv. Von

Aktive von *Transition Sydney* kommen für das Jahrestreffen der Gruppe zusammen.
Foto: Peter Dowson

Anfang an versuchten sie, wie ein soziales Unternehmen zu denken, und stellen damit sicher, dass ihre Initiative sozial und wirtschaftlich gut lebensfähig ist. Ein Schlüsselaspekt von *Transition* funktioniert in Sydney: die Initiierung und Förderung von Selbstorganisation. Peter drückt dies wie folgt aus:

> »In der Anfangsphase war ich es, der zu den lokalen Gruppen rausging, ihre ersten Treffen leitete und sie wo nötig als Mentor begleitete. Nun, wo eine Reihe von Initiativen existiert, bekommen die Leute wichtige Informationen und Ratschläge aus einer Reihe von Quellen und sind weniger von *Transition Sydney* abhängig oder von mir als Person. Die Aktiven sprechen sich direkt mit denjenigen ab, die die praktische Arbeit vor Ort umsetzen. Ich denke, dass dies viel wertvoller ist, als mit mir zu reden.«

Momentan liegt der Fokus von *Transition Sydney* darauf, die wirtschaftliche Entwicklung voranzutreiben. »Wandel fasst so lange nicht Fuß, solange sich nicht auch wirtschaftlicher Wandel einstellt. Letztendlich geht es natürlich um Kultur, aber das ist ein langfristiges Ziel«, meint Peter.

Eine Vision darüber entwickeln, wohin es gehen soll

»Das größte Hindernis für Veränderung auf dieser Welt auf jeder Ebene ist die fehlende Klarheit und Vorstellungskraft, geistig zu erfassen, dass eine andere Zukunft möglich ist.«
Roberto Unger, Philosoph, Sozialtheoretiker und Brasilianischer Politiker

Um eine positive, prosperierende, nährende und resilientere Welt zu schaffen, brauchen wir zunächst eine Vorstellung davon, wie so etwas praktisch aussehen kann. Wie würde das aussehen, sich anfühlen, riechen und klingen? Jeder wird sein eigenes Bild davon haben – hier ist meins: Es ist eine Zukunft, in der wir mit dem Ort, an dem wir leben, stärker verbunden sind und in der unsere Ortschaften Netto-Exporteure von Energie sein werden. Es ist eine Zukunft, in der unsere Ernährungsgewohnheiten stärker den Jahreszeiten angepasst und regionaler entwickelt sind und in der in unseren Vorstädten eine Fülle unterschiedlichster Formen des Obst- und Gemüseanbaus anzutreffen sind. Ich hoffe, dass ich dies noch erleben werde.

Es ist eine Welt, in der wir endlich wieder Zeit haben, miteinander zu reden, in der wir unsere Fähigkeiten wieder einsetzen können sowie anpassungsfähig und selbstbewusst handeln. Es ist ein Ort, an dem unsere Heizkosten vernachlässigbar niedrig sind und an dem unsere Häuser und Wohnungen wieder schön sind, weil Handwerk und Kreativität darin wieder eine Rolle spielen, und die uns nicht mit einem Schuldenberg zurücklassen, der über 30 Jahre abgezahlt werden muss. Es ist eine Welt, in der die lokalen Wirtschaftskreisläufe vielfältiger und robuster sind und in der noch echter Unternehmergeist herrscht. Wir werden vielleicht nicht in der Lage sein, nach New York zu fliegen, um unseren Umsatz anzukurbeln, aber wir werden unsere lokalen Händler, Produzenten und Verarbeiter wieder näher kennenlernen.

Einige von Ihnen werden sicher meinen, dass dies eine utopische Vorstellung ist; irgendwie unerreichbar und abstrakt. Für mich allerdings ist es eine Ansammlung dessen, was ich bereits in der Praxis beobachten durfte, was also nachweislich funktioniert. Es ist eine bunte Mischung: Renovierungsprojekte, die den Energieverbrauch halbiert haben; der Garten auf dem Dach eines Supermarkts, den ich in Crouch End in London besuchen konnte; der Waldgarten des Agroforestry Research Trust in Dartington; der beste kleine Gemüseanbaubetrieb, den ich jemals gesehen habe;[4] die schönsten Häuser, gebaut aus lokalen Naturbaustoffen wie Lehm oder Strohballen sowie gemeinschaftliche Energieversorgungskonzepte wie Brixton Energy in Süd-London (davon später mehr). Es ist eine bunte Mischung aus lokalen Wirtschaftskreisläufen, die es geschafft haben, ihre Selbstständigkeit in Teilen zu bewahren, und aus einer blühenden dynamischen Kultur kurzfristig eröffneter, provisorischer Pop-up-Geschäfte und Geschäftsideen. Es sind Städte und Orte, in denen öffentliche Verkehrsmittel und Fahrräder gegenüber Autos die Priorität haben. Es ist eine Vision, die schon jetzt sichtbar ist, wenn Sie nur nach ihr Ausschau halten.

Verschiedene Wege bieten sich an, Ihrer Stadt, Ihrem Ort und Ihrer Gemeinde eine derart erstrebenswerte Zukunftsvision zu entlocken. Zum Beispiel verwenden manche Initiativen Werkzeuge des gemeinschaftlichen Brainstormings wie zum Beispiel *Open Space;* eine großartige, selbstorganisierende Methode, um unterschiedliche Menschen zusammenzubringen und inspirierende Visions-, Planungs- und Entscheidungsvorgänge in Gang zu setzen.[5] Andere

Gruppen organisieren Veranstaltungen, auf denen Sie die Menschen dazu einladen, Zeitungsartikel aus einer Zukunftsperspektive zu schreiben.

Eine der anspruchsvollsten Methoden, eine gemeinschaftliche Zukunftsvision zu entwickeln, ist das Erstellen eines Energiewende-Aktionsplans. Dieser beginnt mit einer Vorstellung davon, wie Ihr Ort aussehen wird, wenn Sie die *Transition*-Idee in allem umgesetzt haben, was vor Ort geschieht, und arbeitet im Anschluss daran die Schritte aus, wie Sie dorthin gelangen können. Bis jetzt haben Totnes, Forest Row, Lampeter, Dunbar und Paisley solche Pläne erstellt und viele weitere sind im Prozess der Ausarbeitung. Alle diese Pläne sind verschieden, aber sie alle sind dynamische Visionen der Gemeinschaften vor Ort – ein Fahrplan in eine resiliente(re) Zukunft.

Der Wandel in Aktion in ...
Toronto, Kanada

Transition Toronto versucht, die lokalen *Transition*-Gruppen der gesamten Stadt zu inspirieren und zu unterstützen. Andrew Knox – einer der Gründungsmitglieder – berichtet: »Als unsere Arbeit an einen Punkt gelangte, an dem es sich so anfühlte, als ob erheblicher Schwung in die Sache gekommen war, und sich einige aktive *Transition*-Gruppen in verschiedenen Stadtteilen gebildet hatten, dachte die Kerngruppe darüber nach, was sie noch alles umsetzen könnte.« Inspiriert wurde die Gruppe durch einen Artikel der Gemeinschaftskünstlerin Lucy Neal aus London, in dem von einer zweistündigen Mitmach-Aktion zur Entwicklung eines *Energiewende-Aktionsplan für Transition Town XY (Energy Descent Action Plan for Transition Town Anywhere)* zu lesen war. Sie beschlossen so etwas in ihrer eigenen Gruppe durchzuführen, passten den Plan an ihre eigene Zielsetzung an, behielten aber die Elemente des Theaterspiels mit einer großen Gruppe und den spielerisch kreativen Ansatz bei.

Die Teilnehmer waren eingeladen, vorauszudenken und Maßnahmen vorzuschlagen, welche in den nächsten ein bis drei Jahren in verschiedenen Bereichen (zum Beispiel Ernährung, Energie und Verkehr) umgesetzt werden könnten. Sie sollten über alle möglichen Aktionen nachdenken – über solche, die sie selbst umsetzen könnten, oder andere um sie herum, die auch in andern Dimensionen realisierbar wären. Die daran anschließende ›Ernte der Ideen‹ wurde zur weiteren Diskussion online gestellt und der Workshop in verschiedenen Stadtteilen wiederholt. Diese Veranstaltung hat der Kerngruppe und den einzelnen *Transition*-Initiativen viel frische Energie beschert.

»Ich spürte«, berichtet Andrew, »dass wir anderen gleichgesinnten Gruppen etwas zu bieten hatten. Irgendwann hatten wir einen Punkt erreicht, ab dem wir unsere Aktiven um Hilfe bitten konnten – und diese auch bekamen. Wir haben nun über 500 Aktive. Gewöhnlich war es so, dass wir eine Nachricht nach dem Motto ›Wir versuchen dies oder das zu machen, bitte helft uns‹ losschickten –, und ab einem gewissen Punkt fingen die Mitglieder an, darauf zu reagieren. Unsere Veranstaltung zum Energiewende-Aktionsplan ist ein großartiges Beispiel: Wir brauchten viele Helfer und wir mussten einfach nur fragen. Es kam viel mehr Hilfe, als ich mir erhofft hatte. Allmählich fühlt es sich so an, als ob wir hier ein festes Fundament aufgebaut haben. Ich spüre eine fast unbegrenzte Energie unter unseren aktiven Mitgliedern.«

Verbündete ins Boot holen

Eine erfolgreiche *Transition*-Initiative wird oft ein breites Spektrum an Partnerschaften mit Menschen und Gruppen eingehen und hieraus viel Energie schöpfen. Die *Transition*-Trainerin Tina Clarke aus den USA hat das folgende nützliche Werkzeug entwickelt, um diesen Prozess erfolgreich zu gestalten:

Die Übung beginnt mit dem Sammeln und Auflisten aller Personen, Orte, Netzwerke und Gruppen vor Ort, die sich möglicherweise für das Wohl der Gemeinschaft interessieren und bereit sind, sich dafür einzusetzen. Viele davon werden kein Interesse an den eingangs im Buch erläuterten Problemen haben – das ist in Ordnung. Andere werden mit den Inhalten vielleicht nicht einverstanden sein oder Diskussionen darüber ablehnen. Aber eines haben sie gemein: Ihnen allen liegt auf die eine oder andere Weise etwas am Wohlergehen ihrer lokalen Gemeinschaft.

Schreiben Sie nun alle diese auf ein sehr großes Blatt Papier, so dass alle es sehen können. Gehen Sie es dann durch und markieren Sie die Aufgelisteten je nach der folgenden Kategorisierung (verwenden Sie dabei verschiedene Farben):

— **Aktiv & Problembewusstsein vorhanden** (AP): Diese Gruppen teilen Ihre Sicht der Dringlichkeit und Problemanalysen und versuchen aktiv, etwas zu tun.
— **Problembewusstsein vorhanden, aber nicht aktiv** (P): Sind sich der Probleme bewusst, wissen aber nicht so recht, was sie dagegen tun können.
— **Mitte** (M): Gruppen und Menschen, die keine starke Tendenz in eine der beiden Richtungen haben.

- **Nicht interessiert** (NI): Sind nicht an Ihren Kontaktversuchen interessiert.
- **Anderer Meinung oder diskussionswürdig** (D): Zeigen öffentlich und/oder ausdrücklich, dass sie mit den meisten oder allen Ansätzen, die *Transition* vertritt, nicht einverstanden sind und lehnen den Gedanken ab, dass Handlungsbedarf besteht.

Anstatt von der Vorstellung, Ihre gesamte Stadt oder Umgebung beteiligen zu *müssen*, überwältigt zu sein, hilft diese Kategorisierung dabei, den Kontakt zu anderen zu fokussieren und in Etappen umzusetzen – eine gute Voraussetzung dafür, den Prozess angenehm und erfolgreich zu gestalten.

Selbstverständlich tendieren wir dazu, nur mit den AP-Gruppen arbeiten zu wollen und den Rest zu ignorieren. Jedoch könnten die AP-Gruppen Sie fälschlicherweise als Konkurrenz ansehen und Ihre Motivation missverstehen. Wenn Sie stattdessen Ihren Fokus auf die P- und M-Gruppen legen und die AP-Gruppen bitten, Ressourcen und Informationen bereitzustellen (diese existieren ja bereits, um genau dies zu tun!), machen Sie nicht nur die AP-Partner sehr glücklich, sondern sparen sich auch eine Menge Arbeit! Des Weiteren helfen Sie damit den AP-Gruppen, eine breitere Öffentlichkeit zu erreichen, da *Transition* und Resilienz Themen sind, die für viele Gruppen von Interesse sind. Auf diese Weise können Sie am meisten erreichen und die wertvollsten Partnerschaften bilden. Wenn Ihre Initiative wächst und anfängt, größere Projekte zu starten, werden Ihnen diese Partnerschaften eine große Hilfe sein.

Der Wandel in Aktion in ... Portalegre, Portugal

In Portugal sind die Folgen der Wirtschaftskrise aktuell sehr stark spürbar. Ich sprach mit Sónia Tavares von *Portalegre em Transição*. Als sie von einem in ihrer Stadt geplanten *Transition*-Vortrag hörte, war sie sehr aufgeregt; sie sagte:

> »Ich hatte endlich das Gefühl, dass es in Portalegre, in meiner Stadt, der Stadt, in der ich geboren wurde und lebe, Menschen gibt, die genau wie ich spüren, dass sich etwas verändern muss. Das begeisterte mich. Und als ich sah, wie viele Leute zum Vortrag kamen, dachte ich: Das ist es! Wir können wirklich etwas verändern.«

Nachdem die Organisatoren das *Transition*-Konzept vorgestellt hatten, sagten sie: »Aber jetzt wissen wir auch nicht, was wir machen sollen.« Diese Offenheit erwies sich als ein wichtiger Moment innerhalb der Veranstaltung – denn dieses Prinzip des ›Ratlos-Seins‹ zieht sich durch die gesamte Arbeit von *Portalegre em Transição*. Für Sónia fühlte es sich so an, als ob man »der Gefahr ins Auge sieht, das Gefühl, dass wir nicht wissen, was zu tun ist, einfach zulässt« – im Übrigen ein erfrischender Kontrast zu all den Politikern, die auch in schwierigen Zeiten behaupten, auf alles Antworten zu haben, nur dass ihnen das inzwischen niemand mehr glaubt.

Folglich wurde *Portalegre em Transição* auf dem Prinzip begründet, offen für Hilfe von Außen zu sein. Wenn immer nötig, besorgt man sich die Ideen woanders, holt Vorschläge ein und setzt damit die Dinge um, die gemacht werden müssen. Ein weiteres Prinzip ist es, alles möglichst umzusetzen, ohne um finanzielle Unterstützung anzufragen, denn nur so könne man »immer wahrhaftig und groß-

Das *Poiso* – ein Netzwerk-Café inmitten eines Einkaufszentrums.
Foto: Luis Bello Moraes

zügig« sein und Charles Eisensteins Konzept der ›Ökonomie des Schenkens‹ nahekommen.[6]

Eines ihrer bisherigen Schlüsselprojekte ist das *Poiso* (portugiesisch für Aufenthaltsort), ein Geschäft in einem Einkaufszentrum, das als spontaner Treffpunkt und Informationsstelle über *Transition* dient. Es besteht aus einer *costuroteca* (was man mit ›Bibliotek des Nähens‹ übersetzen könnte), einem Wohnzimmer, einem Tauschmarkt und einer Gemeinschaftsküche, die für Koch- und Einmach-Seminare genutzt wird – das *Poiso* ist fürwahr ein Zuhause verschiedenster Aktivitäten genau im Nervenzentrum der Stadt.

Geplant sind ferner eine Sammlung alter Obstbaumsorten und die Einrichtung eines neuen, regionalen Obst- und Gemüsemarkts. *Transition* an den portugiesischen Kontext anzupassen hieß, sich mit der Wirtschaftskrise auseinanderzusetzen und sie als wichtige Motivationsquelle zu nutzen, um Wege zu finden, ohne große finanzielle Unterstützung der Kommune auszukommen. Ideen, die umgesetzt werden, kommen hauptsächlich von außerhalb der Kerngruppe und nicht von ihnen selbst. Ein Großteil des Erfolges baut auf den starken Partnerschaften auf, welche die Gruppe geknüpft hat.

Andere inspirieren, sich anzuschließen

Oftmals sind die Nachrichten und Informationen, die wir über die Medien erhalten, widersprüchlich und verwirrend. Eine Meldung über einen Nahrungsmittelskandal steht schon mal neben einem Artikel, der die Klimawissenschaft infrage stellt, und einer Werbeanzeige für den Urlaub in der Ferne. Man kann sich diese Informationsvielfalt zunutze machen, indem man sie zum Anlass nimmt, anderen gewisse Sachverhalte zu erklären – im Idealfall koppelt man das damit, den Wunsch zu wecken, etwas verändern zu wollen. Es gibt unterschiedlichste Wege, wie man dies erreichen kann; der wichtigste Grundgedanke dabei ist, so viele Menschen wie möglich anzusprechen. Die Menschen in Ihrer Umgebung werden dabei ein breites Interessenspektrum haben: Bildung, Energie, Ernährung, Gebäude, persönliche Entwicklung, Kinder, alte Menschen, Kunst und Kreativität, Fußball, Musik, Beruf und Business, in die Kneipe gehen, Dinge selber machen, Recycling und Abfall, Natur oder Golf (wenn auch meist nicht alles auf einmal). Können Sie sich Veranstaltungen vorstellen, die all diesen Menschen ein Bewusstsein für die aktuellen Probleme vermitteln?

Wichtig ist, dass jede Veranstaltung genügend Zeit gibt, diese schwierigen Themen gemeinsam zu besprechen, zu verarbeiten und dahingehend zu überprüfen, was man realistischerweise tun kann. Veranstaltungen können feierlichen Charakter haben, sie können Menschen vernetzen, informativ oder ernüchternd sein oder Denkanstöße liefern – manche Veranstaltung schafft es sogar, von allem etwas anzubieten. Einige Menschen verstehen Zusammenhänge besser,

Skillshare-Veranstaltung von *Transition Town Totnes*: Die Kunst des Messerschärfens. Foto: Annie Leymarie

wenn sie sich hinsetzen und zuhören, für andere kann ein interaktiver Ansatz der beste sein – Veranstaltungen, bei denen Leute aufstehen, herumlaufen und sich gegenseitig kennenlernen. Wieder andere lernen, indem sie selbst aktiv werden. Die Veranstaltung *Skillshares* von *Transition Town Totnes* lädt Menschen dazu ein, anderen etwas von ihren Fähigkeiten beizubringen. Allein im Jahr 2012 hat diese Gruppe über 100 Veranstaltungen durchgeführt (alle kostenlos); es ging dabei um Fertigkeiten wie Holzhacken, einen platten Fahrradreifen flicken, das Anbringen von Dämmmaterial, das Pfropfen junger Obstbäume und darum, Textverarbeitungssoftware anzuwenden. Menschen haben großen Spaß daran, anderen etwas beizubringen und ihre Fähigkeiten mit anderen zu teilen – und die Mitglieder von *Transition Totnes* merkten schnell, dass dies auch ein effektiver Weg ist, neue Aktive für die Initiative zu begeistern.

Der Wandel in Aktion in ...
Coín, Malaga, Spanien

Eine der ersten *Transition*-Initiativen Spaniens befindet sich in Coín, einer Stadt mit 20.000 Einwohnern, deren Geschichte eine Besonderheit aufweist, gilt sie doch als Heimatstadt alternativer Denker, die zumeist parallel zum politischen Mainstream in Aktion waren. Das erste Treffen von *Coín en Transición* zog 30 Leute mit unterschiedlichstem politischem Background an. Es dauerte eine Weile, bis die Initiative eine Struktur entwickelt und den besten Weg des Zusammenarbeitens gefunden hatte. Eine Veranstaltung, zu der die Kinder der Stadt und aus der Region für einen Tag in den Gemeinschaftsgarten eingeladen waren, brachte ihnen aber dann schnell eine Menge Glaubwürdigkeit und Anerkennung ein.

In ihrem zweiten Jahr starteten sie *Mercado Local Coín*, ein sehr erfolgreiches Geschäft für regionale Produkte. Im darauf folgenden Jahr organisierten sie ein großes Festival der erneuerbaren Energien, in dessen Mittelpunkt Strategien standen, um im Haushalt Energie zu sparen. José Martín, einer der Gründer der Initiative, konnte immer wieder beobachten, dass »sich etwas in der Kultur verändert, sobald etwas in die Praxis umgesetzt und für die Leute erfahr- und sichtbar wird. In solchen Momenten findet ein spürbarer Wandel statt und die Realität beginnt, sich zu verändern«.

Kürzlich gab der finanziell klamme Stadtrat bekannt, die örtlichen Wasserwerke privatisieren zu wollen. *Coín en Transición* startete eine Kampagne, um dies zu verhindern. Nach einer Woche, in der sie 3.000 Unterschriften gesammelt und öffentlichkeitswirksame Treffen veranstaltet hatten, rückte der Stadtrat von der Idee ab und lud die Gruppe ein, mit ihm an einer Alternative zu arbeiten. Der Plan, der aktuell ausgearbeitet wird, basiert auf der Empfehlung von *Coín en Transicíon*, alle Stimmen zu hören und die verschiedenen Interessen gegeneinander abzuwägen. Der Stadtrat fragt die Gruppe nun vermehrt um Rat, denn durch ihre Fähigkeit, Projekte in die Tat umzusetzen, ist der Respekt vor der Arbeit von *Coín en Transicíon* stark gewachsen.

Ich bat José, mir einen Moment zu beschreiben, der für ihn besonders spannend war. Er erzählte mir von einem Treffen zum Thema Ernährung und Nahrungsmittel-Anbau, welches sie organisiert hatten und zu dem 180 Leute zusammengekommen sind. Die meisten davon stammten aus der Landwirtschaft oder der Lebensmittelverarbeitung und es entwickelten sich Gespräche darüber, welche Strategien geeignet sind, um die Stadt Coín zukünftig zu ernähren. Die meisten kannten ihn und seine Gruppe bereits, doch besonders beeindruckend war für ihn die Tatsache, wie offen diese doch recht konservativen Menschen für neue Ideen waren, vom ökologischen Anbau bis zur regionalen Lebensmittelerzeugung. »Ich fühlte, dass sich ein Gedankenwandel vollzieht«, sagte er mir. »Menschen spüren, dass sich große Veränderungen vollziehen, aber sie wissen nicht, wo diese Veränderungen hinführen. Ich denke, es ist die bisher größte Leistung von *Coín en Transicíon*, Offenheit zu erzeugen, Offenheit gegenüber Veränderungen und den Möglichkeiten, die mit ihnen einhergehen.«

Dinge in die Tat umsetzen

»Ich war oben auf dem Kirchturm und sah hinunter. Da war dieser Schwarm von Aktivität; Menschen huschten herum und schraubten Module an. Leute kamen zu mir hinauf und sagten: ›Ah, Sie sind also Herr Solar-Kirchdach‹. Das verlieh uns Glaubwürdigkeit – in den Augen anderer, aber auch uns selbst gegenüber.«
Graham Truscott, Melbourne Area Transition

Die praktischen Projekte, mit denen sich Ihre Initiative beschäftigt, werden wahrscheinlich die ersten Zeichen von *Transition* in Ihrer Stadt oder Gemeinde sein. Dieses Kapitel ist gespickt mit Projekt-Beispielen aus der Praxis, zusammengetragen aus *Transition*-Initiativen von nah und fern; es soll Ihnen eine ungefähre Vorstellung davon geben, was auch Sie alles tun könnten.

Dabei ist es wichtig, eine gute Balance zu finden. Wenn Sie keine realen Projekte umsetzen, wird es schwerfallen, Glaubwürdigkeit zu erlangen. Umgekehrt gilt: Wenn Sie sich Hals über Kopf in die Umsetzung von Projekten stürzen, ohne darauf zu achten, gleichzeitig eine starke und stabile Gruppe aufzubauen, die diese Projekte trägt, könnte Ihre Initiative ebenfalls ins Wanken geraten. Praxisnahe Projekte werden oft von der Energie Freiwilliger getragen und sind somit darauf angewiesen, Menschen für die Sache zu begeistern und zu inspirieren.

Einer meiner liebsten TED-Talks stammt von Jason Roberts aus Oak Cliff in Dallas. Er startete ein Projekt namens *Better Block*, bei dem öffentliche Plätze umgewandelt werden, allerdings ohne vorher auf eine entsprechende Erlaubnis zu warten. Hier vier nützliche Tipps von ihm für eine erfolgreiche Projektgestaltung:[7]

- **Sich sehen lassen:** Vereinnahmen Sie den Ort und kommen Sie immer wieder. Zeigen Sie sich und bieten Sie Ihren Einsatz an.
- **Präsent sein:** Seien Sie für Ihre Gemeinschaft da und finden Sie Wege, wie Sie die Lage verbessern können.
- **Dingen einen Namen geben:** »Dingen einen Namen geben – diese einfache Handlung schafft Identität und Stolz«, ist Jason sicher. Beispiele sind Bestrebungen von *Transition Town Totnes*, die ihre Stadt zur ›Nuß-Hauptstadt *(Nut Capital)* von Großbritannien‹ machen wollen, oder die ›Unglaubliche essbare Stadt Todmorden‹ *(Incredible Edible Tromorden)* – alles Namen, die eine selbsterfüllende Prophezeiung beinhalten.
- **Ein Datum festlegen:** Erpressen Sie sich selbst, setzen Sie eine Deadline und sagen Sie sich »Das ziehen wir in 60 Tagen durch«. Denn straffe Zeitpläne fördern Zielstrebigkeit und vermindern die Wahrscheinlichkeit, einen Rückzieher zu machen.

Zu diesen vier Punkten würde ich gerne einen weiteren Punkt hinzufügen: **Feiern und Reflektieren**. Es geschieht viel zu leicht, dass man eine Sache abschließt und mit der nächsten weitermacht, ohne Gelerntes zu reflektieren und Erreichtes zu feiern. Nach dem *Trashcatcher Karneval* in *Transition Town Tooting* (einem riesigen Straßenkarneval aus dem Jahr 2010), traf sich die Gruppe, um die gelernten Lektionen zu reflektieren. Ihre wichtigste Erfahrung daraus war: »Wenn wir dies geschafft haben, können wir so ziemlich alles schaffen!« – eine Haltung, die sie in ihre folgenden Projekte hinüberretten konnten.

Im Folgenden werden verschiedenste Projekte vorgestellt, die von *Transition*-Gruppen initiiert wurden. Das gesamte Spektrum ist darin enthalten – von klein und lokal bis hin zu groß und berühmt. Sie alle sind Ausdruck davon, wie spannend dieser Wandel und das In-die-Tat-Umsetzen von Dingen sein kann. Und dennoch: Sie alle wurden von ganz normalen Menschen gestartet, die das Zepter in die Hand nahmen. Möglicherweise haben Sie nicht das Gefühl, dass irgendeines dieser Projekte einen großen Unterschied machen wird angesichts der Größenordnung der in Kapitel EINS beschriebenen Herausforderungen und wahrscheinlich haben Sie Recht. Allerdings geht es bei diesen Projekten (auch) um etwas anderes: Es geht darum, die Vorstellungen, die man von seinem eigenen Ort hat, zu verändern, den Funken überspringen zu lassen und Selbstbewusstsein aufzubauen. Und wie wir sehen werden, können diese Projekte der Anfang von viel bedeutenderen Unterfangen werden.

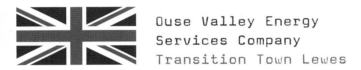

Ouse Valley Energy Services Company
Transition Town Lewes

OVESCO ist eine von Mitgliedern von *Transition Town Lewes* gegründete Genossenschaft. Ihr Ziel ist es, eine Reihe von Projekten rund um das Thema Energie für die Menschen und die Wirtschaft im Distrikt Lewes umzusetzen. Bislang wurden unter anderem folgende Projekte realisiert:

— Bereitstellen von Fördermitteln für Solaranlagen und Wärmedämmung im Auftrag des Kreisrats von Lewes
— Energieeffizienz-Beratung
— Erstellen einer Karte, in der besuchbare Erneuerbare-Energie-Projekte aus der Region verzeichnet sind
— Machbarkeitsstudien für größere Erneuerbare-Energie-Projekte in der Umgebung
— Das gemeinschaftliche Solarkraftwerk Lewes, welches über 350.000 Pfund (ca. 417.000 Euro) in Bürger-Anteilscheinen einwarb.

Das OVESCO-Team während einer Inspektion der kürzlich errichteten Solaranlage auf der Brickhurst Farm. Foto: Chris Rowland

Ich fragte Chris Rowland, den Gründer von OVESCO, was ihn antreibt, während sich OVESCO weiterentwickelt. Er sagte:

> »OVESCO hat eine Vision für eine gemeinschaftliche Energie-Revolution und ich will dies einfach in die Realität umgesetzt sehen. Ich treffe ständig Menschen aus der Gegend, die diese Vision auch umgesetzt sehen wollen. Das treibt mich an. Man kann dies nicht alleine umsetzen. Was es lohnenswert macht, sind die ganzen Menschen um uns herum, die dasselbe Ziel verfolgen. Es ist aber auch die Verbindung zwischen dem, was ich mache, und den weiteren Möglichkeiten. Vielleicht ist Energieerzeugung nicht alles, auch ein Gebäude zu besitzen oder regional Gemüse anzubauen, könnte da mit reinfallen.«

Frucht-Ecken
Transition Lancaster

Die ›Frucht-Ecken‹ *(Fruity Corners)* erwuchsen aus einer Gruppe innerhalb *Transition Town Lancaster*, die sich mit Ernährung und dem Anbau von Lebensmitteln beschäftigt. Ihr erklärtes Ziel war es, »Flächen mit Obstbäumen und -büschen und mit Kräutern und Blattsalaten zu schaffen, und zwar auf Hochbeeten«. Ihre erste ›Frucht-Ecke‹, der *Greaves Forage Garden*, ist eine kleine Freifläche essbarer Pflanzen in Mischkultur, bestehend aus Obstbäumen und -sträuchern sowie Kräutern. Die Ergebnisse können sich sehen lassen; ja, es konnten sogar Weintrauben geerntet werden – trotz des fürchterlichen Sommers 2012!

Im folgenden Jahr 2011 begannen sie mit ihrer Arbeit im Scotch Quarry Park. In diesem großen öffentlichen Park errichteten sie acht Hochbeete mit ausdauernden Pflanzen – und dieses Mal waren sie mit Fördermitteln der National Lottery ausgestattet. Die Anwohner sollten sehen, welche Freude es bereitet, eigene Nahrungsmittel anzubauen, und welches Potenzial darin steckt. Weitere Pläne sehen einen Gärtnerkurs und die Erweiterung des Gartens vor. Als ich mit Simon

Eröffnung der ›Frucht-Ecke‹ im Scotch Quarry Park in Lancaster.
Foto: Lucy Braithwaite

Gershon aus der Gruppe sprach, sagte er: »Wir haben einen riesigen Schritt gemacht. Die Menschen bringen ihrem Park nun ganz neue Gefühle entgegen; sie nutzen ihn nicht mehr nur, sondern sind auch stolz darauf. Das Projekt hat einen Dialog mit dem Stadtrat angestoßen; auf einmal wird darüber gesprochen, Obstbäume und -sträucher in Parkanlagen zu pflanzen, worauf bisher keiner gekommen war. Klar kann es sein, dass ein anderes Modell erfolgreicher sein könnte als unseres. Was mich antreibt, ist meine Vision vom Ergebnis, von der Produktivität, die diese Gärten haben können, wenn sie sich erst einmal etabliert haben«.

Restelese-Projekt
Transition Sarasotas

Transition Sarasotas erstes Projekt ist das ›Suncoast Restelese-Projekt‹ *(Suncoast Gleaning Project)*. Freiwillige ernten die Überschussproduktion auf umliegenden Bauernhöfen, um sie anschließend zu waschen, zu verpacken und an die lokale Lebensmittelhilfe auszuliefern, wo sie an bedürftige Familien ausgegeben wird. Don Hall aus der Gruppe berichtet:

> »Wir haben gerade unsere dritte Saison begonnen und über 35.000 Kilogramm biologisch angebautes Gemüse verteilt, das von einem einzigen 1,4 Hektar großen Bauernhof stammt. Es handelt sich dabei um Feldfrüchte, für die eine kommerzielle Ernte unwirtschaftlich wäre, reiner Überschuss also, nichts, was extra für uns angebaut wird.«

Don nennt das eine ›Win-Win-Win-Situation‹: Es ist ein Gewinn für die lokale Lebensmittelhilfe und für die Bedürftigen, die dadurch

Transition Sarasotas gesammelte überschüssige Ernteerträge aus der Region, fertig für die Lieferung. Foto: Don Hall

hochwertiges und gesundes Essen bekommen; ein Gewinn für die Bauern aus der Region, da kleinere Landwirtschaftsbetriebe dadurch weniger Steuern zahlen (die gespendeten Ernteerträge können zum vollen Marktpreis angerechnet werden); und ein Gewinn für die Freiwilligen, da sie »eine Einkaufstüte voll Gemüse mit nach Hause nehmen können, in Anerkennung ihrer investierten Zeit und Mühe. Das versorgt die Leute für gewöhnlich mit einer Wochenration an knackigem Grün.«

Gemüsegarten
Portalegre em Transição

Portalegre em Transição schuf zusammen mit Leuten aus der Nachbarschaft und Umgebung einen kleinen Garten, und zwar genau vor einem Haupteinkaufszentrum; auf einer Parzelle, die ihnen von der Stadt zur Verfügung gestellt wurde. Der Garten ist ein Meilenstein, eine enorme Erweiterung dessen, was sowohl die Initiative als auch die Gemeinde vorher für ›möglich‹ erachtet hätten. Nachbarn legten den Garten an, andere steuerten die Pflanzen bei und kümmern sich um die Pflege. Sónia Tavares aus der Gruppe erzählt:

> »Es ist beeindruckend. Ich lebe seit über 37 Jahren in Portalegre und habe miterlebt, wie die Stadt und ihre Gemeinschaft langsam verfiel und die Leute zunehmend keinen Kontakt mehr zueinander hatten. Dieser von uns angelegte Gemeinschaftsgarten zeigt mir, was für Möglichkeiten wir haben, wenn wir mit anderen Menschen zusammenwirken und wenn wir uns gegenseitig wiederentdecken.«

Mitglieder der Initiative sitzen oft auf einer Bank im Garten und unterhalten sich mit Passanten, woraus viele Ideen für zukünftige Projekte der Gruppe hervorgehen. Eine Anwohnerin sagte ihnen: »Wir haben lange in diesem Viertel gewohnt und kannten die anderen Leute nicht. Wir hatten uns nichts zu erzählen. Jetzt haben wir jeden Morgen ein Lächeln auf den Lippen, tauschen uns über die Pflanzen aus, fragen die Menschen, wie es ihnen geht und ob wir uns vielleicht am Abend unten treffen können …«

Der Gemeinschaftsgarten in Portalegre nimmt Gestalt an. Foto: Luis Bello Moraes

Kartoffeltag
Transition Chesterfield

Eifrige Kartoffelanbauer stehen Schlange für den *Transition Chesterfields* Kartoffeltag. Foto: Colin Harrison

Jeden Januar übernimmt *Transition Chesterfield* eine freie Ladenfläche im größten Einkaufszentrum der Stadt. Im Jahr 2012 hatten sie 43 Kartoffelsorten im Angebot, ebenso Knoblauch, Zwiebeln und Schalotten. Die Veranstaltung wurde vom Bürgermeister eröffnet. Vor dem Geschäft bildeten sich lange Schlangen; sage und schreibe über 1.000 Kunden kamen, um ihren Kartoffelbedarf für ein ganzes Jahr einzukaufen. Von den 9.000 Knollen wurden über 7.000 verkauft, der Rest wurde an die nahe gelegene Schule gespendet. Alle Gruppenmitglieder kommen zusammen – es ist *das* Event des Jahres von *Transition Chesterfield*. Wie Colin Harrison aus der Gruppe erzählt, »empfindet man wirklich ein Gefühl von Gemeinschaft und Teamgeist«. Auf meine Frage, was für ihn das schönste am Kartoffeltag war, antwortete er:

»Ich liebe es, mit Leuten zu reden. Die meisten Menschen, mit denen man spricht, wissen, dass es so nicht einfach weitergehen kann. Ihnen ist bewusst, dass Erdöl knapper wird. Sie wissen, dass Gas knapper wird, egal welche schlauen Methoden erdacht werden, um es aus der Erde zu holen. Das ist es, was mich antreibt.«

Werkzeugbibliothek
Nachhaltiges
Nordost-Seattle

Anfang 2013 eröffnete die *Transition*-Initiative *Sustainable NE-Seattle* ihre Werkzeugbibliothek. Als ich mit ihnen sprach, hatten sie schon über 1.200 Werkzeuge zusammen, gespendet von Leuten vor Ort. Die Organisatoren beschrieben es als ein »von der Gemeinschaft getragenes Projekt, das Zugang zu einer großen Auswahl an Werkzeugen schafft und darüber hinaus hilfreiche Tipps für ihren Gebrauch zur Verfügung stellt – und alles nach dem Motto: Zahl-was-du-kannst.«

Neben dem Verleih von Werkzeug sollen die Leute vor Ort für Gemeinschaftsprojekte (beispielsweise für die Pflege der öffentlichen Parkanlagen) begeistert werden; sie sollen erfahren, dass nachhaltig leben Spaß machen kann. Hierfür werden spannende Projekte rund um die Themen Energiesparen oder Wasserspeicherung initiiert und auch mal Hinterhöfe bepflanzt. Susan Gregory, eine der Gründerinnen, sagte mir:

»Für mich ist es fast wie Zauberei. Auf einmal passierten manche Dinge einfach, Leute kamen vorbei, alles schien wirklich leicht. Die meiste Zeit fühlte es sich an, als ob das alles von selbst passiert. Ich kann nicht fassen, dass wir die Werkzeugbibliothek jetzt wirklich hier haben.«

Organisatoren und Partner der Werkzeugbibliothek anläßlich ihrer Eröffnungsveranstaltung. Foto: Kevin Kelly

Morgan Redfield ist einer derjenigen, die Werkzeug spendeten. Ihm sind ein paar der exklusivsten Stücke der Werkzeug-Bibliothek zu verdanken; sie entstammten dem Fundus seines Vaters John Redfield. Gegenüber der *Seattle Times* erwähnte er, dass dies der richtige Ort für die Werkzeuge sei und sein Vater »sehr froh darüber wäre zu wissen, dass seine Werkzeuge von anderen Menschen weitergenutzt werden«.

Dinner im Schein der Fahrradlampen
Portillo en Transicións

Portillo ist ein Dorf mit 2.000 Einwohnern in Nordspanien. *Portillo en Transición* hat eine Verbrauchergruppe ins Leben gerufen, die regionale Lebensmittel von Produzenten und Landwirten bezieht. Darüber hinaus haben sie einen Gemeinschaftsgarten eingerichtet, eine sehr aktive Energie-Selbstversorgungsgruppe gegründet sowie eine Gruppe, deren Ziel es ist, frisch gebackenen Eltern mit Rat und Tat beiseitezustehen. Eines ihrer wichtigsten Projekte trägt den interessanten Namen *Dinner im Schein der Fahrradlampen*. Es ist ein Event, welches sie jetzt schon zum zweiten Mal veranstaltet haben. Die Basisarbeit leistete die Energie-Gruppe, indem sie einen fahrradbetriebenen Generator gebaut hat. Als Location wurde die Burg der Stadt ausgewählt. Die Initiatoren leihen sich dann große Tafeltische vom Gemeinderat und laden die Menschen dazu ein, Essen und Wein für den gemeinsamen Verzehr mitzubringen. Das Besondere aber ist die Beleuchtung: hierzu wechseln sich alle Teilnehmer ab und treten in die Pedale. Wie Emiliano Muñoz mir erzählte, dienten diese Abende zunächst einfach nur dem »Feiern und Entspannen«, aber sie verschafften der *Transition*-Initiative zusätzlich sehr viel Aufmerksamkeit und das Ereignis wurde schnell weit über die Stadtgrenzen hinaus bekannt.

Und so muss man sich die Gespräche an diesen Abenden vorstellen:

> »... wir können mit einem Fahrrad Strom erzeugen ... ja, wir könnten ein Tandem bauen! ... oh, genial, und mit dem Tandem können wir eine kleine elektrische Weizenmühle antreiben. Dann können wir der Verbrauchergruppe Mehl liefern. ... und wie wäre es, wenn wir das Feuerholz künftig alle zusammen sammeln?«

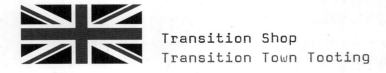

Transition Shop
Transition Town Tooting

Neun Tage arbeitete *Transition Town Tooting* 2012 mit den Aktionskünstlern *Encounters* zusammen, um ein leer stehendes Geschäft zu übernehmen, und dann war es geschafft: *Tootings Transition Shop* – der Laden, in dem es nichts zu kaufen gibt, aber viel im Ange-

Tootings *Transition Shop*: Nichts zu kaufen, aber viel im Angebot.
Foto: Lucy Neal / Alice Maggs

bot ist – war eröffnet. Besucher waren eingeladen, ihre Meinung kundzutun; sie wurden befragt, was es für sie heißt, im Stadtteil Tooting zu leben, und wie ihre persönliche Zukunftsvision für Tooting aussehen könnte. Durch verschiedenste Aktionen wurden Menschen dazu ermutigt, Nachrichten, Erinnerungen oder Hinweise zu hinterlassen, die von anderen Besuchern ergänzt werden konnten. Über den Zeitraum einer Woche wurden so die Emotionen und Meinungen der Anwohner über ihren Ort zusammengetragen: Liebes- und Sympathiebekundungen, Hoffnungen, aber auch ihre Ängste. Lucy Neal, die ›Laden‹-Betreiberin, berichtete: »Viele kamen immer wieder und in neun Tagen konnten wir so 800 Menschen begrüßen«.

Transition Town Tooting war natürlich mit dabei, allerdings eher als Veranstalter im Hintergrund. Es war ja schließlich ein ›Laden, in dem es nichts zu kaufen gibt‹. Ich fragte Lucy nach einem ihrer aufregendsten Momente und sie sagte:

> »Die Aufführung *Tooting Stories* am Abschlusstag war authentisch, bewegend und einfach magisch: Alle Geschichten der Menschen waren kunstvoll zusammengestrickt und jeder Beitrag war bedeutend. Es zeigte mir, dass wir sehr wohl in der Lage sind, die Welt zu erschaffen, die wir wollen. Was wäre, wenn jede Einkaufsstraße einen solchen Laden hätte?«

Kornmühle
El Bolsón en Transición

In den 1920er- und 30er-Jahren war die Region rings um El Bolsón Produzent des feinsten Weizens Argentiniens. Die Region war Standort zahlreicher Wassermühlen und war berühmt für ihre Experten-Kultur des fachkundigen Weizenanbaus. Seit den 1970er-Jahren führten billige Importe und Subventionen leider zum rapiden Verfall der Region.

El Bolsón en Transición hat sich mit *Granja Valle Pintado*, einem Biobauernhof aus der Region, zusammengetan, um dort ein gemeinschaftliches Weizenprojekt aufzubauen. Insgesamt 25 Familien investierten in das Projekt genau die Summe, die sie in 18 Monaten durchschnittlich für Mehl ausgeben (jede Familie verbraucht pro Jahr etwa 130 kg). Das genügte, um ein 16 Tonnen schweres Getreidesilo, eine Mühle und einen Lastenaufzug für die Getreidesäcke zu erwerben. Als ich mit ihnen sprach, hatten sie gerade ihr erstes Mehl gemahlen. Alex Edleson, der Betreiber des Bauernhofs, berichtete:

Die neue Weizenmühle von *El Bolsón en Transición*.
Foto: Comarca Andina en Transición

»Im Verlauf des ersten Treffens gab es einen Punkt, ab dem plötzlich die Ideen sprudelten wie ein Wasserfall. Wir begannen, die Auswirkungen zu erkennen. Im Zentrum steht ein zentrales Element, und dieses Element ist nichts anderes als der Mensch. Das Mehl ist eigentlich eine Ausrede! Was wir versuchen ist, die menschlichen Verbindungen wiederherzustellen. Die Herausforderung von Peak Oil ist nicht, dass uns das Öl ausgeht, es geht darum, wie wir miteinander wieder Beziehungen aufbauen können.«

Photovoltaik-Kirchdach
Melbourne Area Transitions

Melbourn Area Transition trafen sich zu einigen ihrer Sitzungen in der örtlichen Kirche, welche im Buch *Britain's Thousand Best Churches* von Simon Jenkins als eine von Englands großartigsten normannischen Kirchen beschrieben ist. Dabei bemerkten sie, dass das große, nach Süden ausgerichtete Dach über ihren Köpfen ideal

Die Kraft des Einfach-Jetzt-Machens

Es werde Licht! Solardach auf der Gemeindekirche von Melbourne.
Foto: Graham Truscott

für eine Photovoltaikanlage ist. Die Kirche war schnell davon überzeugt, dass ihr Vermögen besser auf dem Dach aufgehoben ist, um sauberen Strom zu erzeugen, als auf der Bank zu liegen und nichts zu tun.

Als Nächstes mussten die Stadtplaner und weitere betroffene Parteien für das Vorhaben gewonnen werden, da die Kirche ein denkmalgeschütztes Gebäude ist. Letztendlich konnte diese Hürde jedoch genommen werden, was sicherlich auch an den über 80 Briefen lag, in denen sich Menschen für das Projekt aussprachen. Eine 10 kW-PV-Anlage wurde installiert und heute sind sowohl die Kirche als auch die *Transition*-Initiative davon überzeugt, etwas Großes *geschaffen* zu haben.

Dieses erfolgreich abgeschlossene Projekt gab ordentlich Rückenwind und die Gruppe installierte neun weitere Anlagen in der Region (diesmal allerdings auf ganz normalen Hausdächern). Für die Gruppe war das Projekt ein regelrechter Türöffner und es war von nun an möglich, sich stärker in andere Gemeinschaftsprojekte einzubringen. Derartige Beziehungen zu anderen Initiativen sind für Graham Truscott ein wichtiger Mosaikstein. Ein weiterer wichtiger Aspekt ist, »all das zu erkennen, zu loben und zu unterstützen, was im Ort schon alles geschieht und (vielleicht auch unabsichtlich) die Resilienz und Widerstandsfähigkeit der Gemeinschaft erhöht und zum Einfallsreichtum beiträgt«.

Der Wandel in Aktion in ...
Fujino, Japan

Fujino im Nordwesten der Präfektur Kanagawa in Japan ist die erste *Transition*-Initiative des Landes. In ihrer Zeit in Großbritannien stieß Hide Enomoto auf *Transition* – und hat die Idee mit nach Hause genommen. Fujino ist ein kleines aktives Städtchen und es schien von Anfang an so, als ob der *Transition*-Ansatz sehr gut dorthin passen würde. Da sich das Wort *Transition* nicht adäquat ins Japanische übersetzen lässt, behielten sie das englische Wort als Namen bei. Anfangs gab es dagegen etwas Widerstand, doch schon bald spürten die Leute, dass es wichtiger ist, Teil eines bestehenden Netzwerkes zu sein, als das Rad neu zu erfinden. Für Carol Smith[8] von der United Nations University gibt es aber noch einen anderen Grund, warum sich die *Transition Towns* in Japan mit den Initialen TT so gut identifizieren können, denn im Japanischen steht TT für *tanoshiku* und *tsunagaru*, und das heißt nichts anderes als ›Freude haben‹ und ›sich verbinden‹.

Zwei große Erfolgsgeschichten hat *Transition Fujino* bislang geschrieben. Da ist zum einen die Regionalwährung *Yorozuya*, was so viel heißt wie *Gemischtwarenhandlung* oder auch *Mädchen für Alles*. Sie wurde nach dem Modell von LETS (Local Exchange Trading System) geschaffen und wird von rund 150 Mitgliedern verwendet. Im Anschluss an die Dreifachkatastrophe aus Erdbeben, Tsunami und dem Super-GAU vom 11. März 2011 (in Japan wird diese unheilvolle Trias auch als 3/11 bezeichnet), wurde der *Yorozuya* zum tragenden Element bei der Organisation von Hilfspaketen und Spenden für die betroffenen Regionen. Hide ist noch heute zutiefst berührt, wenn sie von damals erzählt:

> »Es war bewegend mit anzusehen ... es war ein großes Gemeinschaftsprojekt und wir bekamen sogar ein Dankesschreiben des Bür-

germeisters der zerstörten Stadt. Wir hatten das Gefühl, etwas bewegt zu haben. Wir können eine derart große Aktion organisieren und so einen Beitrag für unsere Gemeinschaft leisten und wir brauchen keinerlei Aufforderung von der Regierung dafür, um es in die Tat umzusetzen.«

Und dann ist da noch *Fujino Denryoku* oder die *Fujino Electric Company (FEC)*, die zweite Erfolgsgeschichte von *Transition Fujino*. Dass nach Fukushima etwas passieren musste, war allen klar und Hide formulierte es so: »Es gab nach 3/11 keinen Grund mehr, über das *Warum* zu reden. Alle wollte über das *Wie* reden.« Bei diesem *Wie* ging es natürlich darum, eine Alternative zum Atomstrom zu schaffen und schon bald entstand die Idee einer gemeinschaftlich betriebenen Elektrizitätsfirma, die für viel Aufsehen sorgte und viele Gemeinden motiviert hat, nach einem ähnlichen Modell zu verfahren.

Fujino Electric hat eine Reihe von Dingen umgesetzt:
— Kurz nach 3/11 veranstalteten sie ein lokales Festival, das fast ausschließlich mit Solarstrom betrieben wurde. Im Anschluss daran schafften sie die PV-Anlage in die betroffenen Regionen und ermöglichen dort so die Durchführung der traditionellen Sommerfeste.
— Sie veranstalten landesweit Workshops zur Installation kleiner Photovoltaikanlagen.
— Eine Universität aus der Umgebung spendete 170 Solarmodule und nun arbeitet FEC daran, ein gemeinschaftlich betriebenes PV-Kraftwerk zu schaffen.
— Schließlich sollen in der Region um Fujino mehrere kleine Wasserkraftwerke errichtet werden, wobei sich dieses Projekt noch in der Forschungsphase befindet.

Kapitel DREI in Kürze

» Um den Prozess des Wandels einzuleiten, müssen sich einige interessierte Menschen zusammenfinden. Zu Beginn ist es unerlässlich, dass sie einen Teil ihrer Zeit dafür verwenden, herauszufinden, wie sie als Gruppe am besten zusammenarbeiten.

» Weiterhin ist es wichtig, sich darüber klar zu werden, in welcher Größenordnung Ihre Initiative aktiv werden will.

» Sie benötigen eine Vorstellung davon, welche Zukunft erstrebens- und wünschenswert ist. Helfen Sie Ihrer Initiative und den Menschen in Ihrer Stadt oder Gemeinde dabei, eine Vision zu entwickeln.

» Sie werden Partnerschaften und Netzwerke mit anderen Organisationen vor Ort brauchen.

» Schaffen Sie ein fortwährendes Bewusstsein dafür, Probleme zu erkennen.

» Theorie ist wichtig, doch ohne Praxis geht es nicht. Achten Sie darauf, dass Sie mit Ihren praktischen Projekten sichtbare Zeichen von Kreativität und Verbundenheit setzen, regen Sie zum Mitdenken an, ermöglichen Sie spielerisches Lernen und versuchen Sie, all dem eine angemessene Bedeutung zu verleihen.

Kapitel VIER

TRÄUMEN ERLAUBT!
WOHIN UNSERE REISE UNS FÜHREN KÖNNTE

„Jedes Mal, wenn ich mit dem Fahrrad nach Bath hineinfahre, komme ich an der Schule mit der Photovoltaikanlage auf dem Dach vorbei. Dann denke ich immer: ‚Ich war daran beteiligt.' Schon dafür hat es sich gelohnt. Dieses Gefühl ‚Wir können etwas bewirken' und dann die Umsetzung zu sehen – davon bekomme ich eine Gänsehaut."

Peter Capener, Bath & West Community Energy

Das entstehende neue Wirtschaftssystem

Bis hierhin habe ich versucht zu verdeutlichen, was unsere Aufgabe ist. Meiner Meinung nach besteht sie darin, unserer Zeit ein neues und den Herausforderungen angemessenes Wirtschaftssystem zu geben – ein System, das parallel zum derzeit vorherrschenden verwundbaren, energie-, schulden- und CO_2-intensiven Wirtschaftssystem existiert. Ich habe versucht, Ihnen einen Eindruck davon zu vermitteln, wo dieses neue System schon sichtbar wird; dazu sind wir um die halbe Welt gereist, haben Städte und Regionen in Nord und Süd besucht. Vielleicht können Sie den Wandel sogar schon bei sich vor Ort beobachten.

Die Bewegung zeigt sich in zahlreichen Spielarten, etwa darin, dass Nahrungsmittel zunehmend regional nachgefragt werden, in der rapiden Zunahme von Pop-up-Geschäften und sozial orientierten Unternehmen, an der vielfachen Gründung von Kleinstbrauereien, in der Wiedergeburt vieler unabhängiger Schallplattenläden, im Aufblühen von genossenschaftlich und/oder bürgerschaftlich getragenen Anlagen zur Erzeugung erneuerbarer Energie oder darin, dass Gemeinden wieder in ihre Fußballvereine investieren.

„*Transition*-Initiativen sind das beste Beispiel dafür, wie Relokalisierung ein vielfältiges, regionales Wirtschaftssystem aufbaut, das sich selbst trägt und die Fähigkeit in sich trägt, externen Störungen durch die Weltwirtschaft standzuhalten. Was für ein gesundes, natürliches Ökosystem wichtig ist, ist auch für eine gesunde Wirtschaft wichtig." **Josh Nelson, Post Growth**[1]

Pop-up-Geschäfte – wie dieses hier in Bristol – zeigen, wie eine neue, resilientere Wirtschaft in der Praxis aussehen könnte. Foto: Ed Mitchell

Der regionale Wirtschaftsplan für Totnes & Umgebung (siehe Seite 45f) drückt es so aus:

> »Wir verfolgen einen Ansatz, der sich realisierbar und vernünftig anfühlt, geeignet, um unser Wirtschaftssystem wieder in Balance zu bringen. Das Pendel ist zu weit in Richtung Globalisierung ausgeschlagen und es ist zu viel Macht in den großen Unternehmen konzentriert. Dies greift unsere regionalen Wirtschaftskreisläufe und deren Widerstandsfähigkeit an, verbunden mit immer größeren sozialen und ökologischen negativen Folgen.«

Interne Investments als neuer Weg

Dieser Ansatz wird die Art und Weise, in der wir unsere Ersparnisse und unsere Altersrücklagen investieren, revolutionieren. Wir werden nicht mehr in anonyme, oftmals unethische Fonds investieren, die unsere ohnehin schon prekäre Lage nur verschlimmern. Künftig werden wir wieder in uns selbst und unseren Ort, unsere Gemeinde investieren. Der Wandel, der dadurch angestoßen wird, wird in unserem täglichen Leben sichtbar sein. Wir können dies als *Internes Investment* bezeichnen, welches *Externes* oder *Extraktives Investment* ersetzt. Die Unterschiede dieser drei Arten von Investment lassen sich wie folgt zusammenfassen:

— **Extraktives Investment:** Hier wird Geld einzig und allein zu dem Zweck investiert, um lokal erwirtschaftete Profite zu extrahieren. Das Geld fließt vom Ort des Investments ab, hinein in die Taschen von Investoren und Anteilseignern, die häufig ganz woanders sitzen. Es operiert primär nach seinen eigenen Gesetzen; die Interessen der Menschen vor Ort werden nur selten berücksichtigt.
— Beim **Externen Investment** fließt Geld aus verschiedenen Quel-len in eine Stadt oder Region, um die Wirtschaft anzukurbeln. Diese Art des Investments kann manchmal dafür genutzt werden, die Resilienz der lokalen Wirtschaft zu erhöhen (wie im Beispiel von Bath & West Community Energy, siehe Seite 143f). Es kann aber auch der umgekehrte Fall eintreten; das Wachstum der Wirtschaft erfolgt dann auf Kosten der Resilienz der lokalen Gemeinschaft.
— Von **Internem Investment** sprechen wir, wenn eine Gemeinschaft in sich selbst und in ihren Ort investiert. Dies bedeutet, neue Institutionen zu schaffen und neue kreative Wege zu finden, Geld innerhalb der lokalen Wirtschaftskreisläufe so oft wie möglich zirkulieren zu lassen. Es zielt darauf ab, einen steigenden Anteil unserer Bedürfnisse so zu bedienen, dass dies der lokalen Wirtschaft zugutekommt. Dieser Ansatz sollte Eingang in das Denken möglichst vieler lokaler Institutionen finden – nicht nur als interessante Vorstellung, sondern als *das* Wirtschaftsentwicklungsmodell der Zukunft.

In der folgenden Tabelle sind einige Beispiele aufgeführt, um die Unterschiede nochmals zu verdeutlichen:

Extraktives Investment	Externes Investment	Internes Investment
– Weit entfernt ansässige Immobilienbesitzer, die zur Maximierung ihrer Mieteinnahmen überregional operierende Ladenketten bevorzugen – Große Ladenketten, die Kaufkraft aus der lokalen Wirtschaft abschöpfen – Spekulationsgetriebene Gentrifizierung, die nur dem Zweck der Profitmaximierung folgt – Supermärkte, die viele der zuvor von lokalen Geschäften bedienten Funktionen übernehmen	– Über verschiedene Kanäle fließende Fördermittel der Regierung – Finanzielle und planerische Anreize sowie Unterstützung großvolumiger Infrastrukturprojekte, um Großunternehmen anzulocken (zum Beispiel in spezielle Wirtschaftszonen) – ›Aufwertung‹ der Gebiete rund um große Marken-Outlets	– Bürger- und Gemeinschafts-Energieunternehmen – Beteiligungs- und Investitionsmöglichkeiten für Bürger und Bürgerinnen der Gemeinde – Investition in neue soziale Unternehmen – Kauf von Vermögenswerten durch die Ortsgemeinschaft

Unsere lokale Wirtschaft könnte viel widerstandsfähiger sein, wenn sie ihre Möglichkeiten zu Internem Investment ausschöpfen würde. Das wäre ein Schlüssel, um einige essenzielle Voraussetzungen für eine weniger CO_2-intensive Wirtschaft zu schaffen.

Eine der Stärken dieses Ansatzes liegt in seinem Potenzial, demokratische Prozesse auf lokaler Ebene zu beeinflussen. Wenn Menschen sich mit der lokalen Wirtschaft und ihrer konkreten Ausgestaltung stärker identifizieren und sich bewusst werden, dass sie selbst etwas verändern können, ist das eine großartige Erfahrung; die Menschen erkennen, wie viel Macht in ihren Händen liegt, um echten Wandel zu schaffen. Dann steht es uns auch frei, jungen Menschen eine andere Ausbildung zu ermöglichen, indem wir beispielsweise größeres Gewicht darauf legen, Fähigkeiten zu vermitteln, die es ihnen später einmal ermöglichen, sich ihre Arbeitsplätze selbst zu ›erschaffen‹. Dieser Ansatz könnte auch auf die nationale Ebene ausstrahlen, wenn zunehmend offensichtlich wird, dass die Initiativen der Menschen vor Ort den nötigen Wandel nicht behindern, sondern durch die Freisetzung enormer Mengen an kreativer Energie und Unternehmergeist voranbringen. Gerade in Zeiten, in denen viele Leute nach Möglichkeiten suchen, ihr Geld *wirkungsvoll und sinnvoll* zu investieren, ist es doch geradezu sinnstiftend, zu sehen, dass am eigenen Wohnort das Vertrauen in die Zukunft und die Resilienz ständig zunehmen.

Localise West Midlands (LMW) – eine gemeinnützige Organisation, die mit dem Ziel gegründet wurde, die Vorteile einer relokalisierten Wirtschaft zu erkunden –, bezeichnet diesen Ansatz als *Community Economic Development*, als ›Gemeinschaftliche Wirtschaftsentwicklung‹. Das LMW-Mitglied Karen Leach beschreibt die vielen Vorteile wie folgt:[2]

> »Unsere Forschung hat starke Belege dafür gefunden, dass lokale Wirtschaftsräume mit einem hohen Anteil kleiner und mittelständischer Unternehmen und einer eher lokal geprägten Besitzstruktur in vieler Hinsicht besser abschneiden als stark von externen Investitionen abhängige Orte, in denen wenige große überregional agierende Unternehmen vorherrschen. Dort gibt es mehr Arbeitsplätze

(besonders in benachteiligten oder peripheren Regionen), stärkere Multiplikatoreffekte, das Ausmaß der sozialen und wirtschaftlichen Integration ist höher, die Einkommen sind gerechter verteilt und auch in puncto Gesundheit, bürgerliches Engagement und Wohlbefinden liegen sie vorn.«

Konturen einer neuen Wirtschaft

Um sich dieses Potenzials bewusst zu werden, sind nicht nur viele Hindernisse aus dem Weg zu räumen; es gilt auch, Menschen zu motivieren, die Kraft des *Einfach-Jetzt-Machens* dafür zu nutzen. Was wir jetzt brauchen, ist ein Anschub, der uns motiviert und nach vorne bringt – und das kann ganz unterschiedlich aussehen. Wir brauchen:

— Eine gemeinschaftsgeleitete Antwort: Menschen wie du und ich, die zusammen handeln, um Resilienz und Wohlbefinden zu steigern.
— Einen kulturellen Wandel, der die Gesellschaft vor Ort derart weiterentwickelt, dass sie für Zeiten großer und schneller Veränderungen gewappnet ist.
— Einen Ansatz, der vielfältigste Handlungsoptionen generiert.
— Ein riesiges, weltweites Experiment, um zu entdecken, wie ein positiver Lösungsansatz in unserer heutigen Zeit aussehen könnte.
— Ein Netzwerk aus Menschen, die sich gemeinsam an die Erkundung machen: ein internationales, lernendes Netzwerk des Lebens.
— Einen Ansatz, der sich nicht nur mit dem befasst, was um uns herum passiert, sondern auch mit dem, was in uns geschieht, und damit, wie wir am besten unsere *persönliche* Resilienz für Zeiten schnellen Wandels stärken können.

— Eine erstklassige Gelegenheit für Brillanz, Genialität, Kreativität und Abenteuerlust.
— Ein Modell und ein Design für einen Gemeinschaftsprozess, der viele Menschen mit einbezieht, um all die verschiedenen Teile dieses Puzzles zusammenzufügen als Teil einer gemeinsamen, inspirierenden Geschichte.
— Eine Zuflucht in Zeiten großer Unsicherheit; ein Heilmittel gegen Gefühle von Unsicherheit und Ohnmacht.

Dies sind die Konturen einer neuen Wirtschaft. Ein aktueller Bericht der europäischen Union zum Thema Peak Oil bemerkt, dass »Kohlenwasserstoffe unbestreitbare Vorteile haben und nicht durch alternative Energiequellen ersetzt werden können, ohne unsere gewohnten Abläufe und Handlungen radikal zu verändern«.[3]

Allerdings wird ein solch radikaler Wandel weit über kleine Verhaltensänderungen hinausgehen müssen: Es reicht nicht, Plastiktüten wiederzuverwenden. Wir müssen eine neue Wirtschaft erschaffen, die lokale Arbeitsplätze kreiert, Waren und Dienstleistungen aus der Region bereitstellt und dabei von den Menschen vor Ort mit ihren Investitionen und Kaufentscheidungen aktiv unterstützt wird. So können wir die riesigen Vorteile, die sich aus diesem »radikalem Wandel unserer gewohnten Abläufe und Handlungen« ergeben, Stück für Stück erkunden und erfahren. Das *REconomy Projekt*[4] des *Transition*-Netzwerks wurde ins Leben gerufen, um eine Fülle an Ideen, Ressourcen, Anleitungen und Erfahrungsberichten für all diejenigen Menschen zur Verfügung zu stellen, die daran interessiert sind, ihre lokalen Wirtschaftssysteme zu verändern und ihr Leben auf eine andere Grundlage zu stellen.

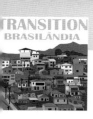

Der Wandel in Aktion in ...
Brasilândia, Brasilien

Mit inzwischen 24 sehr aktiven Gruppen ist *Transition* in Brasilien ein faszinierendes Erfolgsmodell. Um *Transition* an den brasilianischen Kontext anzupassen, war es sinnvoll, weniger auf Themen wie den Klimawandel oder Peak Oil zu setzen (Brasilien sieht sich selbst als das nächste Saudi Arabien), sondern eher auf Aspekte wie die Sicherheit der Nahrungsmittelversorgung, Gewalt, soziale Probleme, Gesundheit oder Bildung. Die Aktiven, welche in Brasilien die Pionierarbeit für *Transition* leisten, haben sogar Methoden entwickelt, um Menschen, die weder lesen noch schreiben können, zu erreichen. Sie haben innovative Wege gefunden, den ›*Transition*-Funken‹ auch in ›schwierigen‹ Gegenden zu zünden; hier wirkte das Prinzip der Selbstorganisation als Türöffner.

Eines der faszinierendsten Beispiele dafür ist Brasilândia, eine Favela (Elendsviertel) in São Paulo. Der zündende Funke wurde hier von einer Gruppe *Transition*-Aktiver gelegt; über Veranstaltungen und Trainings gelang es ihnen aufzuzeigen, dass *Transition* ein nützlicher Ansatz sein kann, den vielfältigen Herausforderungen von Brasilândia zu begegnen. Monika Picavea, eine der Trainerinnen, erzählte mir:

> »Für diese Gemeinschaften brauchen wir jemanden von außerhalb, jemanden, dem es gelingt, einen Anfangsimpuls zu setzen, und der sie dann soweit bringt, dass sie dabei bleiben und alleine weiterarbeiten können. Wir versuchen, ihnen beizubringen, wie sie das alles selber bewerkstelligen können. *Transition* ist etwas sehr Besonderes, was Leben und Orte verändern kann. Du gibst es aber immer in die Hände der Menschen vor Ort weiter, damit die es selbst an ihren Kontext anpassen. Das ist für mich der schönste Aspekt daran.«

Schulkinder arbeiten mit Carolina Araújo Ribiera daran, in Brasilândia einen ›Garten der Sinne‹ zu pflanzen. Foto: Isabela Maria Gomez de Menezes

Transition Brasilândia hat seit seiner Gründung im Jahre 2010 eine starke eigene Identität und einen beachtlichen Vorwärtsdrang entwickelt. Über 500 Aktive sind in 16 Arbeitsgruppen involviert. Ihre Projekte umfassen Tauschmärkte, eine Gemeinschaftsbäckerei, ein soziales Unternehmen, welches Videos (zum Beispiel von Hochzeiten) für die Leute vor Ort erstellt, und ein weiteres, das ausrangierte Werbeplakate in Taschen verwandelt.

Ein Vorgeschmack auf die Zukunft

Schauen wir uns einige der schon länger aktiven *Transition*-Initiativen an, so können wir einen ersten Einblick davon bekommen, wohin das alles führen könnte. Die vor sieben Jahren gestartete Initiative *Transition Town Totnes* (TTT) hat in Großbritannien mittlerweile Beachtliches erreicht. Sie fungiert als Katalysator einer Gemeinschafts-

Energiefirma mit über 500 Mitgliedern, hat über 40 Projekte angestoßen und über 700 Haushalten geholfen, ihren CO_2-Fußabdruck zu reduzieren (durch das *Transition Streets Projekt*, das ich auf Seite 62f beschrieben habe); außerdem hat sie in Zusammenarbeit mit dem Stadtrat und der Handelskammer sowie mit der Unterstützung des Kreisrates einen lokalen Wirtschaftsplan erstellt (siehe Seite 45f). Während ich diese Zeilen schreibe, arbeitet TTT als Teil des *Atmos Totnes Projekts* mit dem Besitzer einer drei Hektar großen, zentral gelegenen Industriebrache in Totnes zusammen, um einen Masterplan für den Ort zu erstellen, der künftig das ›Herzstück einer neuen lokalen Wirtschaft‹ darstellen soll. Doch damit nicht genug: TTT avancierte inzwischen zur federführenden Organisation für Wirtschaftsentwicklung in der südenglischen Stadt.

Das jährlich stattfindende ›Regionale Entrepreneur Forum‹, welches lokale Unternehmer mit Menschen zusammenbringt, die Unterstützung oder Beratung anbieten, ist ein eindrücklicher Beweis für die Bedeutung von TTT. Das Forum endet mit der ›Zusammenkunft der Drachen‹, bei dem vier Entrepreneurs ihre Ideen der Öffentlichkeit vorstellen. Nach dem Motto ›Jeder ist ein Investor‹ kann dann buchstäblich jede/r seine Unterstützung anbieten, die verschiedenste Formen annehmen kann, etwa Zeit, Geld, Land, Dienstleistungen und vieles mehr. Das Forum gewährt gute Einblicke, wie eine Unterstützung sozialer Unternehmen durch die lokale Gemeinschaft aussehen kann.[5]

Die Initiative *Transition Town Brixton* (TTB), welche seit 2007 in einem Stadtteil von London existiert, ist ein außerordentlich starker Impulsgeber für die dort neu entstehende Wirtschaft. Ihre Regionalwährung, das *Brixton Pound*, gilt als Pionier im Bereich der Etablierung und Ausgestaltung von Regionalwährungen. Dass auf dem Zehn-Pfund-Schein David Bowie zu sehen ist, war sicherlich ein öffentlichkeitswirksamer Coup; doch sie sind auch Vorreiter in Sachen innovativer Zahlungsverfahren und so kann man nach einer erfolgreichen Pilotphase auch mit dem *Brixton Pound* im großen Stil per SMS bezahlen. Ihr innovatives *Payroll Local*-Projekt bringt das *Brixton Pound* mit dem Stadtrat des Verwaltungsbezirks Lambeth zusammen und ermöglicht es den Ratsmitgliedern, einen Anteil ihres Gehalts in *Brixton Pound* ausgezahlt zu bekommen. Jedes Ratsmitglied, das sich für diese Variante entscheidet, bekommt zusätzliche zehn Prozent auf sein *Brixton Pound*-Onlinekonto gutgeschrieben. Inzwischen können Unternehmen und Geschäfte sogar ihre Unternehmenssteuer in *Brixton Pound* bezahlen. Zusammen erlauben es all diese Mechanismen, dass Firmen und Privatpersonen ihre lokalen Geschäfte und Dienstleister besser unterstützen können – und der Projektslogan »Geld, das Brixton treu bleibt« wird so zur Realität.

Brixton Energy ist ein von Bürgern getragenes Energieunternehmen, das momentan die Finanzierung ihrer dritten Solaranlage in Gemeinschaftsbesitz organisiert (siehe Seite 148f). *Remakery Brixton* treibt die Umnutzung von Gebäuden voran, die ihre ursprüngliche Funktion nicht mehr erfüllen. So sind beispielsweise zahlreiche Garagen überflüssig geworden und es entstehen dort Sammelstellen für Gebrauchtartikel, ein Hub für soziale Unternehmen sowie gemeinschaftlich genutzte Kurs- und Arbeitsräume. Die *Community Draught Busters* sind ein soziales Unternehmen, das sich selbst als »ein Team von Leuten« bezeichnet, »die sich der Reduktion des Energieverbrauchs von Privathaushalten und Geschäftsräumen verschrieben haben«. Darüber hinaus arbeitet TTB mit einer Reihe sozialer Unternehmen aus der Gegend zusammen, zum Beispiel mit den *London Creative Labs*, die junge Arbeitslose unterstützen, um sie wieder in die Gemeinschaft zu integrieren. Schließlich wird der von ihnen erstellte *Local Economic Blueprint* (ein lokaler Wirtschaftsplan nach dem Modell von Totnes) es ihnen ermöglichen, überzeugend dafür einzutreten, dass ihr Ansatz eine konkret umsetzbare und angemessene Form wirtschaftlicher Entwicklung darstellt.

> „Die Erstellung dieses Plans wird uns dabei unterstützen, glaubwürdig für eine von den Bürgern selbst getragene wirtschaftliche Entwicklung unseres Stadtteils einzutreten. Wir können die erhobenen Daten nicht nur dazu nutzen, um mit unseren Stadträten, den Mitgliedern der Handelskammer und den Vertretern der Wirtschaft in ihrer eigenen Sprache zu sprechen – wir können auch aufzeigen, dass es praktikable Lösungen für die meisten, wenn nicht sogar alle unserer wirtschaftlichen Probleme gibt."
>
> **Duncan Law von TTB über Brixtons Regionalen Wirtschaftsplan[6]**

Ein derartiger Ansatz hat natürlich auch seine Herausforderungen. Wie kann es auf Dauer gelingen, für immer neue Menschen mit frischen Ideen und den passenden Fähigkeiten attraktiv zu sein? Wie können Gruppen über längere Zeit bestehen oder sich, wenn nötig, neu erfinden? Wie müssen Projekte gestaltet sein, dass die Menschen damit auch ihren Lebensunterhalt verdienen können, anstatt immer nur auf ehrenamtlicher Basis zu agieren? *Transition Sarasota* (siehe Seite 110f) wurde beispielsweise mit der Idee gegründet, als soziales Unternehmen zu fungieren, welches für Don Hall, den Koordinator der Initiative, ein ausreichendes Einkommen erwirtschaften kann, was schon nach zwei Jahren erreicht wurde. »Aus meiner Beobachtung verschiedener *Transition*-Initiativen heraus kann ich schon feststellen, dass wir mit meiner Hilfe eine Menge mehr geschafft bekommen als die meisten«, erzählte er mir und merkt an, wie schwer es für vergleichbare Initiativen oft ist, eine spürbare Wirkung zu entfalten, solange dort alles rein ehrenamtlich betrieben wird neben Familie, Beruf und all den anderen Verpflichtungen.

Eine weitere offene Frage ist, wie eine *Transition*-Initiative die Energie in ihrem Kern auf Dauer aufrecht erhalten kann, ohne dass diese komplett in die entstehenden Unternehmen, Projekte und Aktivitäten abfließt? Wie kann man den strategischen Überblick über all die neuen Möglichkeiten bewahren, die gerade durch die Verknüpfung all der einzelnen Aktivitäten erst entstehen könnten?

Wie können diese Gruppen das Burn-Out-Risiko der Aktiven minimieren? Wie können die Initiative und die daraus entstandenen Projekte ihrem Gründergeist, ihren ursprünglichen Prinzipien und ihrem Elan treu bleiben, die ja schließlich der Ausgangspunkt der Initiative waren? An möglichen Lösungen für all diese Herausforderungen arbeiten wir immer noch. Zum Glück ist es eine der großen Stärken einer Herangehensweise, wie sie von *Transition* gepflegt wird, dass mögliche Antworten auf diese Herausforderungen und die nötigen Werkzeuge, Vorgehensweisen und Kurse dazu kollektiv von in einem riesigen Netzwerk miteinander verbundenen Menschen entwickelt werden, indem alle gewonnenen, hilfreichen Erfahrungen und Erkenntnisse darin zusammengetragen werden.

Eine neue Wirtschaft - hier und jetzt

Ich habe Ihnen hier bereits eine Reihe inspirierender Geschichten vorgestellt. Diese geben Ihnen einen Vorgeschmack darauf, was alles möglich ist. Wirklich spannend wird es allerdings, wenn man sich vorstellt, wie die Welt aussehen würde, wenn diese Lebensweisen und Wirtschaftsformen in *jeder* Gemeinde umgesetzt würden. Eine neue Wirtschaft ist schon jetzt im Entstehen; sie wird getragen von der Energie des *Einfach-Jetzt-Machens* und sie illustriert eindrucksvoll, wie eine Zukunft jenseites des Wachstums aussehen und wie anregend, resilient und innovativ diese sein kann.

Hier nun einige Berichte über Projekte, die überall um Sie herum entstehen und diese neue Art zu wirtschaften Wirklichkeit werden lassen; ganz real, ganz im Hier und Jetzt. Im Vergleich zu den bislang vorgestellten Projekten befinden sich diese in Hinblick auf ihre Wirkung und Möglichkeiten schon auf der nächsten Stufe. Es sind großartige Beispiele von ›Internem Investment in Aktion‹ und von regionaler Resilienz als Treiber wirtschaftlicher Entwicklung.

Green Valley
Lebensmittelladen
Slaithwaite

— Brachte 20.000 Pfund (ca. 24.000 Euro) über den Verkauf von Anteilen auf, um damit einen Gemüseladen zu übernehmen, der kurz vor dem Konkurs stand,
— erwirtschaftete im dritten Jahr erstmals einen Gewinn,
— ist Teil eines größeren Verbundes von Unternehmen im Colne Tal.

Als dem Gemüseladen in Slaithwaite, Yorkshire, das Wasser bis zum Hals stand und seine Schließung unvermeidlich schien, traten die Mitglieder von *Marsden & Slaithwaite Transition Town* (MASTT) auf den Plan. Sie brachten 20.000 Pfund (ca. 23.800 Euro) auf und binnen weniger Wochen war unter dem Namen ›Green Valley Lebensmittelladen‹ (*Green Valley Grocer*) etwas Neues entstanden: eine Kooperative in Gemeinschaftsbesitz (eine Art Genossenschaft). Mitgründer Jon Walker berichtet von den intensiven Vorbereitungen bis zur Eröffnung:

»Es ging rasend schnell. Wir haben die ganze Sache in unfassbaren sieben Wochen durchgezogen, angefangen von der Entscheidung,

Graham Mitchell und Jon Walker auf der Schwelle des ›Green Valley Lebensmittelladens‹. Foto: Fiona Ward

es zu tun, hin über die Finanzierung und Renovierung des Ladens bis zum Aufschließen der Türen am Eröffnungstag – es ging wirklich sehr, sehr schnell. Während eines solchen Prozesses hat man keine Zeit zum Innehalten oder Durchatmen ... und auf einmal ist dann der Laden plötzlich eröffnet! Es war einfach herrlich. Der Laden sah glänzend aus und am Eröffnungstag hatten wir zu allem Überfluss auch noch herrliches Wetter. Der Oberbürgermeister von Kirklees kam auch und es war einer dieser wundervollen Tage, an denen du denkst: Wir haben es geschafft! Du glaubst nicht daran, bis es so weit ist. Du ackerst und machst und hast manchmal auch Angst, dass es vielleicht doch nicht klappt. Aber als es dann soweit war, den Laden wirklich zu eröffnen, war das schon unglaublich.«

Der Laden verkauft Obst, Gemüse und andere Produkte und diese stammen – wenn immer möglich – aus regionalem Anbau. Die bei der Gründung im Geschäftsplan definierten finanziellen Mindestziele wurden bei Weitem übertroffen und das Geschäft wächst und gedeiht, während andere in der Region zu kämpfen haben. Wie Jon erzählt war ihre Situation sehr ermutigend:

> »Wir haben früh festgestellt, dass wir viel mehr Geld einnehmen, als wir im Geschäftsplan angenommen hatten. Für die ganze Ortsgemeinschaft war es an sich schon eine großartige Erfahrung – und jetzt war das Ganze sogar noch finanziell erfolgreich.«

MASTT ist maßgeblich für den Erfolg des Gemüseladens sowie weiterer sozialer Unternehmen im Colne Tal verantwortlich. Wie Jon es ausdrückt: »Es passiert einfach ... als ob wir einen Nährboden geschaffen hätten.« Sie haben Kleider- und sonntägliche Samentauschbörsen ausgerichtet, eine Modenschau mit ethisch korrekt hergestellter Kleidung sowie winterliche Näh-Workshops durchgeführt und eine öffentliche Streuobstwiese angelegt. Ihre ›Initiative für ein Warmes Zuhause‹ hat mit Fördermitteln der Regierung in Höhe von 65.000 Pfund (etwa 77.000 Euro) dafür gesorgt, dass viele Sozialwohnungen eine bessere Wärmeisolierung bekommen haben. Die ›Valley Windgesellschaft‹ existiert zwar schon länger als MASTT, aber auch sie gehört nun ebenfalls zum vielfältigen Kreis ihrer Aktivitäten. 2011 haben die *Handmade Backery*, der ›Green Valley Lebensmittelladen‹, MASTT und die ›Essbare Genossenschaft‹ die Marke *ColneUCopia* erschaffen, »einen regionalen Markennamen und ein regionales Handelssystem mit dem Ziel, den Anteil von Nahrungsmitteln, die im Colne Tal angebaut, produziert, verkauft und konsumiert werden, zu erhöhen«.

Die ›Essbare Genossenschaft‹ (*Edible Co-operative*) wurde eigentlich gegründet, um den Laden mit frischem Gemüse zu versorgen. Drei Hektar Land in der Umgebung von Slaithwaite, die nach den Prinzipien der Permakultur bewirtschaftet wurden, reichten jedoch nicht aus, um kostendeckend zu produzieren. Um aus dem Projekt ein überlebensfähiges Unternehmen zu machen, musste man umsatteln; die ›Essbare Genossenschaft‹ ist heute in erster Linie eine Obstbaumschule und eine Demonstrationsanlage für Permakultur samt Ausbildungsstätte. Einer ihrer Gründer, Steve Sith, war gleichzeitig einer der Gründer von MASTT. Neben ihrer Tätigkeit bei *Edible* haben er und seine Partnerin Rosie an der örtlichen Schule einen selbstentwickelten Kurs ins Leben gerufen: *Growing and Sustainable Living*. Der Kurs, der im Grunde nichts anderes vermittelt als Prinzipien und Methoden der Permakultur, ist inzwischen für die Abschlussprüfung zugelassen und für die Schule ein wichtiger Baustein auf ihrem Weg, ein Zentrum für nachhaltige Lebensweisen zu werden. Für Rosie und Steve ist dies eine Tätigkeit, die nicht nur ihr Kerngeschäft stützt, sondern auch geeignet ist, die Idee von *Transition* einem deutlich breiteren Publikum nahezubringen. Auf die Frage, was ihn an seiner Arbeit so fasziniert, berichtete Steve:

> »Manchmal, wenn so wie heute die Sonne rauskommt und wenn du sehen kannst, was wir alles schon umgesetzt haben und dass ein paar der Dinge wirklich funktionieren, bekommt man eine Ahnung davon, wie eine lokale Gemeinschaft in einer Welt mit einem niedrigen CO_2-Fußabdruck funktionieren könnte. Es ist eine starke Erfahrung, etwas Konkretes zu tun, zumal wenn es etwas Positives ist; etwas, was diese Vision voranbringt.«

Bath & West Community Energy
Transition Bath

— Eine Wirtschaftsgenossenschaft,
— hat bereits Photovoltaikanlagen mit einer Leistung von insgesamt 600 kW installiert,
— schon in der ersten Runde wurden Anteilsscheine von 750.000 Pfund (ca. 890.000 Euro) gezeichnet,
— ein großartiges Beispiel für *Internes Investment*.

Bath & West Community Energy (BWCE) entwickelte sich aus der Energiegruppe von *Transition Bath*. Die Genossenschaft wurde mit dem Ziel gegründet, Projekte zu initiieren, die »eine Antwort auf die Bedrohungen durch den Klimawandel und Peak Oil geben, die darauf achten, dass die wirtschaftliche Wertschöpfung auf lokaler Ebene konzentriert bleibt, und die den Teilhabern Mitspracherechte in der Frage der Energieerzeugung und -verwendung einräumen«. Es wurden bereits Photovoltaikanlagen mit einer Leistung von über 600 kW

Solarmodule auf dem Dach des Oldfield Park-Kindergartens, installiert von BWCE. Foto: Peter Andrews

installiert, 362 kW werden auf den Dächern von zehn örtlichen Schulen und Gemeinschaftsgebäuden gewonnen, 250 kW entfallen auf Freilandinstallationen in einem Industriegebiet.

Für BWCE ist dies jedoch nur der Anfang, ein erster Schritt hin zu einem finanziell gesunden, nachhaltigen Gemeinschaftsunternehmen. Neben der Bereitstellung signifikanter Mengen an vor Ort erzeugter erneuerbarer Energie sollen Energiesparprojekte angestoßen sowie langfristig auch Energieversorgungsdienstleistungen für Verbraucher angeboten werden. Aufgrund der Größenordnung der Ziele und der dafür erforderlichen Finanzmittel wurde der Fokus anfangs darauf gerichtet, durch einen stimmigen Businessplan Vertrauen in das Investment BWCE aufzubauen.

Zu Beginn erhielt die Gruppe Unterstützung von SSE (*Scottish and Southern Energy*, einer der *Big Six* unter Großbritanniens Energieversorgern) und es wurde ein Kreditrahmen von einer Million Pfund (ca. 1,2 Millionen Euro) verhandelt, wodurch BWCE einige PV-Anlagen schon vor der Anteilszeichnungsphase projektieren konnte. Zur Überraschung der Gruppe spülte die Zeichnungsphase 722.000 Pfund (rund 860.000 Euro) von lokalen Investoren in die Kassen. Peter Capener, einer der Gründer, berichtete: »In den letzten Wochen der Zeichnungsphase gingen Zusagen über insgesamt 300.000 Pfund ein; die Leute suchten meinen Co-Direktor Peter Andrews sogar zu Hause auf und drückten ihm ihre Schecks in die Hand.« Auf die Frage, warum die Aktion wohl so erfolgreich war, sagte er: »Es herrschte ein spürbarer und authentischer Enthusiasmus, ja sogar eine Art Erleichterung darüber, dass endlich mal jemand was unternimmt, woran sie sich beteiligen und wovon sie ein Teil werden konnten.«

Im Gegensatz zu vielen ähnlichen Anlagemöglichkeiten warf ihr Modell schon ab dem Ende des ersten Jahres eine jährliche Rendite ab. Von Anfang an war es das erklärte Ziel, eine alljährliche Rendite von sieben Prozent zu erwirtschaften. Ein derart hoher Zinssatz führte dazu, dass einige Menschen auch Teile ihrer Rentenrücklagen investierten – ein faszinierendes Beispiel dafür, was man mit *Internem Investment* in der Praxis erreichen kann. Was kommt als Nächstes? BWCE hat verschiedene Projekte im Blick: Weitere Solarinstallationen, ein paar Windkraftprojekte, eine Reihe möglicher Wasserkraftanlagen am Fluss Avon, dazu Erdwärme-Projekte sowie das Thema Energieeffizienz.

BWCE arbeitet mit einer Reihe von Organisationen und Initiativen angrenzender Regionen zusammen, um ihnen Unterstützung bei der Umsetzung ähnlicher Pläne zu gewähren:

> »Wir arbeiten aktuell mit drei Gemeinden zusammen, damit auch diese ihre eigenen Energie-Genossenschaften aufbauen können. Alle hatten zu Beginn dieselbe Frage im Kopf wie wir: Können wir das wirklich schaffen? Nun, da wir wissen, dass das geht, können wir bei der erfolgreichen Umsetzung behilflich sein, indem wir unsere technische Expertise anbieten und bei den teilweise komplizierten rechtlichen Aspekten unterstützen oder bei der Beschaffung der finanziellen Mittel beraten. Das ist es, was mich so begeistert. Das Gefühl, Teil einer lokalen Bewegung zu sein.«

DE4 Food
Derbyshire

— Ein Netzwerk und eine Plattform von Nahrungsmittelproduzenten, die eine echte und erschwingliche Alternative zu Supermärkten bieten,
— über 200 Mitglieder,

— ein Modell, bei dem der Verkauf von im eigenen Garten angebautem Gemüse rentabel ist,
— Learning by doing: Die meisten Beteiligten lernen, wie man selbst ein Unternehmen führt.

DE4 Food ist »eine Genossenschaft, bestehend aus kleinen Lebensmittelproduzenten aus der Region und deren Kunden«, die im Postleitzahlgebiet DE4 in Derbyshire aktiv ist und aus *Transition Matlock* (TM) hervorging. Sie hat inzwischen über 200 Mitglieder, die über eine Onlineplattform mit den lokalen Erzeugern von Lebensmitteln und Getränken verbunden sind. Vor längerer Zeit hatte TMs Ernährungs-AG einmal begonnen, ein Verzeichnis von lokalen Produzenten zu erstellen. Allerdings war das Ergebnis ernüchternd und es kam nie zu einer Veröffentlichung. Also beschlossen sie, selbst aktiv zu werden und Menschen und Betriebe nach dem Modell SoLaWi der Solidarischen Landwirtschaft (Community supported agriculture, CSA) zusammenzubringen. Das CSA-Konzept wird von der *Soil Association* in Großbritannien als »Partnerschaft zwischen Landwirten und der lokalen Bevölkerung« beschrieben, »bei der Verantwortung, Risiken und landwirtschaftliche Erträge von allen Beteiligten geteilt werden«. Da der Großteil der Landwirte in ihrer Region Viehhaltung

betreibt, entschlossen sie sich, eine Schaf-CSA aufzubauen. Dabei engagieren sich die Mitglieder bei einem Bauern der Region und erhalten dafür einen Anteil an den landwirtschaftlichen Erzeugnissen. Die Mitglieder der Gruppe packten richtig an, machten sich zusammen die Hände schmutzig und eigneten sich dabei neue Fähigkeiten an.

Ungefähr zur gleichen Zeit erfuhren sie von *StroudCo*, einem Lebensmittelnetzwerk in Stroud, und ließen sich davon inspirieren; ein solches Netzwerk könnte auch ein passendes Modell für sie sein. Allerdings gelang es ihnen nicht, genug Biobauern zu finden: Die Nachfrage war einfach zu hoch. Daher verfolgten sie einen anderen Ansatz: eine Art ›Patchwork-Anbau‹, bei dem das Gemüse auch aus kleinsten Hinterhofparzellen stammt. Dieses Modell vereinte alles, was sie umsetzen wollten: Sie unterstützen die Menschen dabei, ihr eigenes Essen anzubauen, erlernen neue Fähigkeiten, begründen eine neue Wirtschaft und unterstützen regionale Erzeuger. Über die *DE4 Food*-Webseite werden Tipps für Gärtner veröffentlicht sowie Obstbüsche und Gemüsesetzlinge vertrieben. Ich fragte Helen Cunningham von *DE4 Food*, was sich durch ihre Mitwirkung an *DE4 Food* für sie verändert hat:

> »Niemals im Leben hätte ich mir vorstellen können, dass ich in der Lage sein werde, Lämmer zur Welt zu bringen! Das war nichts, was ich jemals zu lernen erwartete. Was wir hier tun, ist so anders als das, womit wir unseren normalen Alltag verbrachten, und wir alle spürten: ›OK, wir können all diese neuen Sachen lernen. Wir können lernen, ein Lamm auf die Welt zu bringen, Gemüse anzubauen, Geschäftsbilanzen zu erstellen und so viel mehr.‹ Ich glaube, wir alle wollten einfach unsere persönliche Lebensweise und auch die Zustände und das Leben in unserem Ort wirklich verändern.«

BRIXTON ENERGY Brixton Energy
London

— Das erste genossenschaftliche, innerstädtische Energieunternehmen Großbritanniens,
— in zwei Anteilsrunden wurden 130.000 Pfund (ca. 155.000 Euro) eingesammelt,
— bietet den Teilhabern eine gute Rendite,
— bildet junge Leute der Region in vielen unterschiedlichen Bereichen aus.

Als ich Agamemnon Otero traf (den Direktor von *Brixton Energy* und *Repowering South London*), hatte *Brixton Energy* gerade die zweite Zeichnungsrunde für *Brixton Energy Solar 2* abgeschlossen, bei der sie 70.000 Pfund (etwas über 80.000 Euro) einnahmen. Ihr erstes Projekt *Brixton Energy Solar 1* war die erste innerstädtische Solaranlage in Bürgerhand in Großbritannien, eine 37 kW-Anlage auf dem Dach des Elmore Hauses in der Siedlung Loughborough. Die zweite Generation leistet 45 kW und erstreckt sich über die Dächer von vier Wohnanlagen, die unter dem Namen ›Styles Gardens‹ bekannt sind. Ich stieg mit Agamemnon an einem kalten, klaren Wintertag auf das Dach eines benachbarten Wohnblocks, von wo aus wir eine gute Aussicht auf die von *Brixton Energy* installierten Solaranlagen hatten, und befragte ihn zum Projekt. Er erklärte:

»Brixton Energy ist eigentlich nur ein Label. Die Genossenschaften selbst heißen *Brixton Energy Solar 1*, *Brixton Energy Solar 2*, *Brixton Energy Solar 3* und so weiter. *Repowering South London* leistet den Großteil der Arbeit – kümmert sich um das Finanzierungsmodel, die rechtlichen Aspekte, schreibt Kostenvoranschläge, übernimmt die technische Planung usw. Die Öffentlichkeitsarbeit und die Kommu-

Agamemnon Otero und *Brixton Energy Solar 2* auf den Hausdächern hinter ihm (und dahinter *Brixton Energy Solar 1* – wenn Sie ganz genau hinschauen).

nikation mit den Menschen vor Ort – von Tür zu Tür gehen und Ähnliches – wurde allerdings von einigen Aktiven von *Transition Town Brixton* (TTB) sowie engagierten Anwohnern geleistet, um die Bürger einzuladen, sich zu beteiligen.

Für *Brixton Energy Solar 1* setzten wir einiges in Bewegung. Wir begannen, Leute einzuladen, was sich allerdings als wesentlich schwieriger herausstellte, als wir dachten ... unsere Aktiven zu bewegen, ›hausieren‹ zu gehen, war wirklich schwer. Wir gingen auf den Wochenmarkt, nutzten TTBs Netzwerk, engagierten die Freunde und Familien aller Beteiligten und schickten unsere Prospekte raus: ›Das hier ist unser Plan!‹ Innerhalb von drei Wochen hatten wir das Geld zusammen.

Für *Brixton Energy Solar 2* konnten wir auf fünf junge Bewohner der Siedlung selbst zurückgreifen, die die Anlage als bezahlten Auftrag installierten. Wir beschäftigten junge Menschen als Praktikanten, die uns in allen Bereichen (Finanzen, Recht, IT, Öffentlichkeitsarbeit, technische Installation) unterstützten. Da durch *Brixton Energy Solar 1* der Weg bereitet war, ging nun alles sehr schnell und *Brixton Energy Solar 2* wurde ein riesiger Erfolg. Als die Leute im angrenzenden Wohngebiet davon hörten, wollten sie möglichst bald auch eine solche Anlage haben. Jemand von dort sagte: ›Wenn etwas schief gelaufen wäre, hätten wir davon Wind bekommen. Wir haben aber nichts Negatives gehört.‹

Seit *Brixton Solar 2* haben wir die Menschen hier hinter uns: die Frau, die in dieser Wohnung da wohnt, ihr Sohn, ihre zwei Töchter, ihre Cousins und Cousinen (die in dem Block wohnen, in dem wir *Brixton Solar 3* installieren wollen) machten alle bei uns ein Praktikum. Eine Geschäftsfrau, die auf dem Brixton Markt ein paar Buden hat, investierte und die Frau von dort drüben auch.

Zehn Leute aus diesem Block investierten und weitere folgten. Das nächste Projekt *Brixton Energy 3* können wir möglicherweise komplett nur über Investitionen der Bewohner des Blocks finanzieren. Unser ›Gemeinschafts-Energieeffizienz-Fond‹ wirft 6.000 Pfund (ca. 7.100 Euro) über die nächsten 20 Jahre ab und für Praktika, eine verbesserte Abdichtung der Gebäude gegen Zugluft und Energiesparmaßnahmen stehen uns 12.000 Pfund zur Verfügung. Die Planung unseres ersten Projektes dauerte acht bis neun Monate, das zweite drei und für das dritte Projekt brauchten wir nur noch einen Monat. Und: Wir haben bereits elf weitere Standorte ausfindig gemacht, an denen es weitergehen kann ...

Hier wohnt auch eine Frau, die eine ganz wichtige Rolle spielt. Sie hat als alleinerziehende Mutter vier Kinder und sagt: ›Das hier ist das Beste. Ich spare bei meinen Nebenkosten und meine Kinder sind davon begeistert und kommen zu den Gemeinschaftsworkshops.‹ Sie hat nicht gesagt: ›Ich will das. Ich fühle mich gut damit‹; sie sagte: ›Ich hoffe, dass dies auch in anderen Wohngebieten Schule macht.‹ Wenn es gelingt, all diese Leute miteinander zu verbinden – das ist etwas, bei dem ich immer noch Gänsehaut bekomme!

Im Grunde geht es genau darum: die Einstellung der Leute zu verändern, sie zusammenzubringen und sie dabei vertrauensvoller untereinander werden zu lassen. Energie, Solarmodule und all diese Themen sind dabei nur Mittel zum Zweck. Wir sind nicht Solarmodulen verpflichtet oder der Kraft-Wärme-Kopplung oder wem auch immer. Wir sind unserem Wohlbefinden verpflichtet. Es gibt nur einen Weg, wie man Leute dazu bringt, an sich selbst zu glauben und sich zu engagieren: Man muss ihnen die Möglichkeit dazu bieten. Sobald man Verantwortung für etwas übernimmt und es ein ständiges Geben und Nehmen wird, entwickelt man einen eigenen Willen und baut Selbstvertrauen auf. Also genau das, was diesen Menschen weggenommen wurde.«

Kapitel VIER in Kürze

» Anstatt auf Erlaubnis zu warten, beginnen *Transition*-Initiativen und andere bereits, die Grundzüge eines neuen lokalen Wirtschaftssystems aufzubauen.

» Die Initiativen unterscheiden sich von Ort zu Ort; es gibt bereits eine große Anzahl erfolgreicher und innovativer Unternehmungen, die als Vorbilder dienen können.

» Wenn wir die vielen kleinen, scheinbar isoliert voneinander existierenden Initiativen gedanklich miteinander verbinden, erkennen wir sofort die Stärke hinter der Bewegung.

» Wenn wir es gut hinbekommen, steckt im *Transition*-Ansatz ein riesiges wirtschaftliches Potenzial und eine Vielzahl an Möglichkeiten, die derzeit ungenutzt sind und brach liegen. Wir können das alles wieder in unsere Gemeinschaften zurückbringen – durch die Kraft des *Einfach-Jetzt-Machens*.

Michael Bonke von TT Düsseldorf demonstriert den ›1-Euro Solarkocher zum Selberbauen‹ in Bielefeld (oben). Das Projekt ›Essbare Stadt‹, Teil von *Transition Kassel*, hat im Jahr 2013 in Absprache mit Ortsbeiräten und dem Grünflächenamt ca. 100 Fruchtgehölze im öffentlichen Stadtraum gepflanzt (unten links). Kohlrabi in der Kaffetüte: Upcycling trifft auf Urbanes Gärtnern. Auch an Regenrinnen findet sich in Witzenhausen noch etwas Essbares (unten rechts).
Fotos: Michael Motyka (oben), Karsten Winnemuth (u.l.), Gualter Barbas Baptista (u.r.)

Exkurs

TRANSITION IN DEUTSCHLAND, ÖSTERREICH UND DER SCHWEIZ

„Transition ist eine wunderbare Verbindung von bürgerlichem Engagement und globaler Vernetzung. In vielen Städten der Welt kommen Menschen zusammen, ... und entwerfen ein lebenswertes Zukunftsmodell für ihre Gemeinde."

Horst Köhler, Bundespräsident a. D.[1]

Als Ergänzung zu den bisherigen Kapiteln von Rob Hopkins soll hier ein Blick auf die Situation der *Transition*-Bewegung im deutschsprachigen Raum geworfen werden. Nach einem kurzen Abriß der Geschichte werden aktuelle Entwicklungen und Projekte aus einigen Initiativen vorgestellt. Darüber hinaus gewähren wir einen Einblick in momentane Forschungstrends zu *Transition*, sowie in die *Transition*-Kurse *Werkzeuge des Wandels*.

Über 120 Initiativen engagieren sich für den Wandel

2008 brachten Bernd Ohm und andere Aktive der ersten Stunde *Transition* nach Deutschland. Sie hielten erste Vorträge und legten so den Grundstein dafür, das *Transition (Town)*-Modell bekannt(er) zu machen. Ende 2008 war es dann soweit: Die erste *Transition Town*-Initiative wurde in Berlin Friedrichshain-Kreuzberg von ›Kipper‹ Jan Fischer und anderen Aktiven aus der Taufe gehoben. Bis Mitte 2009 folgten Witzenhausen, Beetzendorf (unweit des Ökodorfs Sieben Linden) und Bielefeld. Ein zu jener Zeit im Magazin GEO erschienener Artikel über *Transition Town Totnes*, erste Film- und Zeitungsberichte sowie der erste deutschsprachige Kurs *Training for Transition* (der Ende 2009 in Bielefeld stattfand) trugen zur weiteren Verbreitung der Idee bei. Von nun an entstanden weitere Initiativen in Deutschland, aber auch in Österreich (dort oft gekoppelt mit den Alternativforen von Franz Nahrada sowie Attac Österreich) sowie in der Schweiz (oft in Kooperation oder im Verbund mit ›Neustart Schweiz‹). Unter dem Titel *Energiewende: das Handbuch* erschien im September 2008 das erste Buch zu *Transition* auf dem deutschen Markt (Rob Hopkins: *The Transition Handbook: from oil dependency to local resilience*) und machte mit den Ideen einer relokaliserten, postfossilen Welt vertraut – mit Erfolg, denn 2010 waren schon rund 20 Initiativen am Start. Es folgten die ersten Filme (siehe Seite 188f) und insbesondere der Kultursender ARTE berichtete wiederholt über *Transition* und seine Initiativen. Der bisher letzte Film (*Voices of Transition*) wurde 2012 von Nils Aguilar produziert und kam im Mai 2013 in die deutschen Kinos.

Die Berichterstattung quer durch alle Medien fungierte oftmals als Initialzündung und guter Katalysator und so existieren derzeit (Ende 2013) über 120 Initiativen – von Kiel bis Klagenfurt und von Aachen bis Wien. Alle Initiativen sind selbstorganisiert, entstehen dort, wo die Idee gerade auf die notwendige Resonanz stößt. Es gibt sie in den unterschiedlichsten ›Reifegraden‹: vom Initialstadium mit nur wenigen Mitgliedern bis hin zu Initiativen mit vielen hundert Aktiven und Interessenten. Geografische Schwerpunkte gibt es nicht, die Initiativen sind sehr ausgewogen über Deutschland verteilt und entstehen sowohl in sehr kleinen Orten und Gemeinden als auch in den großen Metropolen (in Berlin existieren inzwischen bereits fünf Nachbarschafts-Gruppen).

Seit 2010 werden über www.transition-initiativen.de Informationen ausgetauscht und halten die Gruppen untereinander Kontakt; die Homepage ist darüber hinaus eine Quelle der Inspiration für alle Beteiligten und Interessierten. Eine ähnliche Funktion erfüllen die Netzwerktreffen und (Un-)Konferenzen, auf denen jeweils zwischen 70 bis 170 Menschen für zwei Tage zusammenkommen: 2010 traf man sich in Hannover, 2011 in Bielefeld, 2012 in Witzenhausen und 2013 in der Gemeinschaft *Schloß Tempelhof*. Die Treffen führen Gleichgesinnte zusammen, man lernt voneinander und hat die Möglich-

Transition D/A/CH Netzwerktreffen September 2013 in der Gemeinschaft *Schloß Tempelhof*. Foto: Frank Braun

keit an Fachvorträgen und Workshops teilzunehmen, die sich unter anderem mit Permakultur, alternativen Währungen, Solidarischer Landwirtschaft, Re-Skillling (dem Wieder-Erlernen von handwerklichen Fähigkeiten), REconomy (das sind innovative Formen lokalen Wirtschaftens), Tauschen und Teilen oder Wirtschaftsformen jenseits des Wachstums beschäftigen.

Auf dem letzten Treffen, an dem rund 70 Personen teilnahmen, stand die Frage des Selbstverständnisses des *Transition*-Netzwerks D/A/CH im Mittelpunkt sowie die Frage nach der idealen Struktur eines solchen Verbundes. Es entstanden verschiedene Arbeitsgruppen, die seitdem sehr intensiv an diesen Fragestellungen arbeiten, sei es über Telefon- und Webkonferenzen oder über gelegentliche Meetings. In 2014 sind zwei weitere Treffen geplant, um erste konkrete Ergebnisse (zum Beispiel über die Organisationsform, geeignete Entscheidungsstrukturen, eine *Transition*-Charta) zu präsentieren und zur Diskussion zu stellen.

International gesehen ist das seit 2009 unter anderem auf Initiative von Gerd Wessling aus Bielefeld initiierte Netzwerk D/A/CH eines von derzeit 18 offiziellen *International Transition Hubs*. Diese sind jeweils vom internationalen *Transition Network (TN)* in Totnes inspiriert und stehen mit diesem in engem Kontakt zur internationalen Kooperation und Zusammenarbeit. Auch im internationalen Kontext finden jährliche Treffen statt: 2013 kamen im französischen Lyon Vertreterinnen und Vertreter der 18 Hubs zusammen. Die Teilnehmer kamen aus aller Welt: aus Peru, Schweden, Italien, Litauen, Deutschland (vertreten durch Alexandra Tryanowski und Gerd Wessling), Portugal und vielen anderen Ländern. Sie verbrachten fünf inspirierende Tage miteinander, um sich über Sinn und Zweck des TN auszutauschen und über Fragen wie: »Was ist die richtige Struktur für uns?«, »Wie lassen sich Entscheidungen am effektivsten herbeiführen?« oder »Wer vertritt hier wen und darf wann über was abstimmen?« zu diskutieren.

Derartige Aspekte berühren alle Ebenen der Bewegung – die kleine AG in einer lokalen *Transition*-Initiative ebenso wie deren Kerngruppe (bestehend aus Vertreterinnen und Vertretern jeder AG plus einigen Aktiven der Initiativ-Gruppe); sie sind von Relevanz, wenn es darum geht, überregionale Strukturen (NRW, Berlin-Brandenburg u.a.) aufzubauen oder ein landesweites Netzwerk, und sie betreffen natürlich auch das internationale *Transition Network*. Überall wird mit denselben Fragen gerungen, und auch wenn niemand die perfekten Antworten darauf weiß, so ist doch mit Freude zu beobachten, dass die aktuellen Lösungsansätze – ganz im Sinne von *Transition* – eine sehr große Vielfalt aufweisen (einige Gruppen werden zentral geführt, andere weisen basisdemokratische Strukturen auf, es gibt lockere, informelle Zusammenschlüsse oder genossenschaftliche Lösungen) und dass dabei sehr häufig ›moderne‹ Erkenntnisse über Gruppen- und Entscheidungsprozesse einfließen – vom Ansatz der Gewaltfreien Kommunikation (GFK) über das Modell der Soziokratie, der Theorie U oder des Dragon Dreaming bis hin zur Gemeinschaftsbildung nach Scott Peck, um nur einige Verfahren zu nennen.

Natürlich ist nicht jede Initiative dauerhaft erfolgreich: manche bleiben klein, manche stagnieren nach einer Phase starken Wachstums, manchmal lösen sich Gruppen auch wieder auf. Doch was bleibt ist die Erkenntnis, dass das dabei gewonnene Wissen und die erlernten Fähigkeiten die entscheidenden Faktoren sind, welche den Aktiven auch weit über *Transition* hinaus wertvolle Hilfestellung leisten können.

Wie erfolgreiche *Transition*-Arbeit in Deutschland aussehen kann, sollen die folgenden drei Beispiele in Wort und Bild darstellen.

```
Lastenfahrrad Eberswalde
wandelBar, Energie-
und Kulturwendebewegung
im Raum Barnim
```

Im Rahmen der *Transition*-Initiative *wandelBar* haben wir in Eberswalde ein Lastenfahrrad gebaut. Dazu wurde mittels einer ›Open Hardware‹-Anleitung aus recycelten Fahrrädern und neuen Bauteilen ein ›neues‹ Rad entworfen, das bis zu 70 kg Ladung aufnehmen und transportieren kann. Da uns das nötige Know-How und die notwendigen Fähigkeiten genauso fehlten wie eine adäquat ausgestattete Werkstatt, haben wir uns mit lokalen Partnern wie der ASTA-Fahrradwerkstatt, einer lokalen Schweißlehranstalt und Lastenrad-Bauern aus Berlin zusammengetan und das Projekt so erfolgreich realisieren können. Über den örtlichen Regionalladen der Initiative bieten wir das Fahrrad gegen eine kleine Spende zum Verleih an.

(Berichtet von Ingo Frost)

Das selbstgebaute Lastenrad der wandelBar aus Eberswalde. Foto: Ingo Frost

 UnvergEssbar & Büro
des Wandels
Transition Town
Witzenhausen

»Unvergessbar Essbar – selbst is(s)t die Stadt« ist der Slogan einer nordhessischen Kleinstadt mit 17.000 Einwohnern, die ihren Selbstversorgungsanteil zumindest was die Ernährung betrifft, in Zukunft deutlich erhöhen will. Die Zeichen stehen gut: Witzenhausen ist bundesweit der einzige Standort einer Universität für eine ökologisch orientierte Agrarwissenschaft. Zudem schaut die einstige Ackerbürgerstadt auf eine lange Tradition des Obstanbaus zurück, bei der vor allem Kirschbäume eine große Rolle spielten. Viele ökolandwirtschaftliche Initiativen sind hier längst beheimatet oder kamen als Innovation aus dem Uni-Bereich. *UnvergEssbar* hat es sich zum Ziel gesetzt, das Potenzial der Stadt sichtbar zu machen, Akteure zu vernetzen und an gegebenen Stellen eigene Akzente zu setzen.

Momentan existieren im Stadtgebiet mehrere mit Nutzpflanzen bepflanzte Flächen sowie dutzende mit Gemüse und Beerensträuchern bepflanzte Kübel, an denen ein Schild ›Pflücken erlaubt‹ zum Ernten auffordert. Etwa 40 Geschäftsleute und Privatpersonen beteiligten sich 2013 aktiv an dem Projekt ›Pflückoase‹, insgesamt waren rund 100 Menschen involviert. Weitere von *UnvergEssbar* initiierte Aktionen sind eine alljährliche Saatguttauschbörse, ein Mehrgenerationengarten in der Nähe eines Seniorenwohnheims, ein ›essbarer Stadtrundgang‹ sowie gemeinsame Ernteaktionen und eine öffentliche Verarbeitung des Ernteguts (zum Beispiel Apfelsaftpressen auf dem Marktplatz). Ferner beteiligt sich *UnvergEssbar* an der Mitgestaltung von Stadtkultur, Tourismus und Kommunalpolitik, um möglichst viele Aspekte einer ›Essbaren Stadt‹ realisieren zu können. Im Juni

Buen Vivir-Mitbring-Brunch im *Transition*-Haus: Jeden Sonntag von halb 11 bis 14 Uhr feiern wir die Menschen und die Möglichkeiten unseres Hauses auf einer möglichst ressourcenschonenden Basis. Begleitet wird die Veranstaltung vom Unplugged-Streichquartett. Foto: Gualter Barbas Baptista

2013 fand schließlich eine Konferenz rund um die Themen ›Urbanes Gärtnern‹ und ›Essbare Städte‹ statt.

Auch in Witzenhausen braucht der Wandel Raum: ein wichtiger Schritt, um in unseren Anliegen von Bürgerinnen und Bürgern wahrgenommen zu werden, war die Anmietung eines Ladenlokales in der Fußgängerzone von Witzenhausen im April 2013. Im August wurde das gesamte renovierungsbedürftige Haus gemietet. Seitdem hat die *Transition*-Initiative ein Wandelbüro dort eingerichtet, welches jeden Vormittag besetzt ist. Das Haus dient als Vernetzungsplattform, Sozialstation, Treffpunkt, Café ohne Konsumpflicht, Werkstatt, Gemüseanzuchtstation, Kinderspielplatz und als große Baustelle, auf der ökologische Ideen gleich in die Praxis umgesetzt werden können. Großer Wert wird beim Einrichten und Gestalten auf partizipative Prozesse gelegt, die möglichst viele unterschiedliche Menschen, auch solche mit Handicaps und psychischen Beinträchtigungen, ansprechen und einbinden.

Die Wandelgruppe beteiligt sich konsequent an Aktionen der Geschäftsleute in der Innenstadt – auf ihre Weise. So gab es zur langen Einkaufsnacht, die unter dem Motto der ›Kartoffel‹ stand, einen Film- und Diskussionsabend, bei dem die ›große Irische Hungersnot‹ im Mittelpunkt stand, und die Frage, wie resilient heutige Gemeinschaften sind. In der Vorweihnachtszeit werden im Laden ein Verschenkflohmarkt abgehalten, sowie ein Erzählcafé mit Seniorinnen, die über das Weihnachten ihrer Kindheit erzählen und Plätzchen zubereiten.

Gab es anfangs noch viel Kopfschütteln und Unverständnis, haben sich die meisten Menschen nun schon an das *Transition*-Haus an exponierter Stelle gewöhnt – und immer mehr Menschen kommen einfach vorbei und fangen an, aktiv mitzuwirken oder die Räume für ihre Treffen und Anliegen zu nutzen. Nachbarschaftsarbeit braucht Zeit und Geduld – so wie der Wandel. Aber es ist eine besondere Arbeit, denn gemeinsames Kochen und Essen, ›Körperarbeit‹ wie Feldenkrais oder Yoga und geteilte Kinderbetreuung, Reparieren, Experimentieren und Selbstgestalten knüpft an unsere elementarsten Bedürfnisse an. Das schafft die Basis für eine komplexere und weitere Teilhabe in den *Transition*-Prozessen.

Im Übrigen wird das *Transition*-Haus von städtischer Seite nicht gefördert, unter anderem auch deshalb, weil Witzenhausen eine überschuldete Gemeinde ist (die unter dem Kommunalen Schutzschirmprogramm Hessens steht). Finanziell wird es über einen Freundes- und Förderkreis, Spenden und kleinere Querfinanzierungen getragen.

(Berichtet von Silvia Hable)

Im UnvergEssbar-Schaugarten sind über 120 verschiedene Sorten von Kräutern, essbaren Stauden und Beerensträuchern angepflanzt. Auch hier gilt: Pflücken in Maßen erlaubt. Foto: Grit Hofmann

Göttingen im Wandel
Transition Town Initiative Göttingen

Die *Transition Town*-Initiative ›Göttingen im Wandel e.V.‹ wurde im Jahr 2010 gegründet. Seitdem laden wir jeden Monat zu einer öffentlichen Veranstaltung ein, dem ›Sonntag des Wandels‹. Mal gibt es dabei einen Film zu sehen, ein anderes Mal laden wir zu einer Wanderung ein, zu einem Fest, einem Ideen-Austausch oder einer Aktion. Unseren monatlichen Newsletter mit Neuigkeiten rund um den Wandel erhalten mittlerweile einige hundert Interessierte. Wir haben dazu beigetragen, dass viele Frauen und Männer in zehn Wirkgruppen aktiv sind: da gibt es zum Beispiel das Reparatur-Cafe, die Gruppe ›Lebensfreundliche Mobilität‹, die Zeit-Tauschbörse und vieles mehr.

Besonders wichtig ist uns, mit den zahlreichen Göttinger Projekten zu kooperieren, die ebenso wie wir auf dem *Transition*-Weg sind, etwa die Internationalen Gärten oder das Uni-Projekt ›PermaKulturRaum‹, um nur einige wenige zu nennen. Um die *Transition*-Bewegung in der Region auf eine offiziellere Ebene zu heben, haben wir im Jahr 2013 unsere Kontakte zur Stadt Göttingen aktiv erweitert.

Die Stadt Göttingen hat sich bei dem BMU-Wettbewerb ›Masterplan 100 Prozent Klimaschutz‹ erfolgreich beworben und erhält daher eine mehrjährige Bundes-Förderung, um die Treibhausgasemissionen in der Stadt bis 2050 annähernd auf Null zu reduzieren. Um eine breitere Bürgerbeteiligung zu erreichen, veranstaltete die Stadt einen Klimawerkstatt-Wettbewerb für Bürgerprojekte, an dem sich *Göttingen im Wandel* mit vier Projekten beteiligte. Insgesamt 24 Projekte wurden dabei für ihr Engagement ausgezeichnet, darunter waren zwei

TT-Projekte (die ›1. Göttinger Solidarische Landwirtschaft‹ und das ›Permakulturhaus‹) und wir sind seitdem aktiv bei den Klimawerkstatt-Workshops der Stadt beteiligt.

Als besonders positiv erleben wir, dass sich in dieser Zeit ein aktives Netzwerk (mit der Internetplattform ›Nährboden Göttingen‹) entwickelt hat, in dem bereits bestehende Gruppen und viele neue Aktive zusammenkommen, um sich mit Urbanem Gärtnern zu befassen. Derzeit entsteht in Zusammenarbeit mit der Stadt unser erster urbaner Gartenbereich, ein Teegarten in einem Park direkt an der Göttinger Stadthalle.

Im neu gegründeten Klimaschutz-Beirat der Stadt Göttingen hat *Göttingen im Wandel* einen Sitz bekommen. Das Gremium, das sich aus mehr als 20 Vertreterinnen und Vertretern relevanter gesellschaftlicher Bereiche in der Stadt zusammensetzt, soll in Zukunft Politik und Verwaltung auf dem Weg zu einem klimaneutralen Göttingen beraten.

(Berichtet von Karin Schulze)

Forschung zu und über Transition

Transition-Gruppen sind letztlich nichts anderes als ›gelebter Wandel‹ auf der Grundlage der Selbstorganisation. Ihre Themen sind die großen Themen der Zeit: Suffizienz, Subsistenz, Nachhaltigkeit, Resilienz und Postwachstum. So ist es kein Wunder, dass entsprechende Projekte großes Interesse erfahren, und entsprechend zahlreich sind Anfragen von Forschungsinstitutionen, die sich mit den oben angeführten Themen auseinandersetzen.

Stellvertretend für die Forschungs-AG des Netzwerks arbeiten unter anderem Gesa Maschkowski (TT Bonn) und Matthias Wanner (TT Münster) zu diesen Themen, und zwar sowohl als Wissenschaftler(innen) als auch als *Transition*-Aktive. Nachfolgend einige Gedanken von Gesa Maschkowski zum Thema *Transition*-Forschung:

»Transition-Forschung heißt erst einmal nichts anderes als ›Forschung für den Wandel‹ und das ist ziemlich unkonkret. Hier an dieser Stelle soll es um Forschung gehen, die sowohl die Transition-Town-Initiativen weiter bringt, als auch die Wissenschaft. Das ist auch die Zielrichtung des britischen Transition-Research Network. In diesem Netzwerk arbeiten Wissenschaftler mit Vertretern von Transition-Initiativen zusammen. Sie haben unter anderem Forschungsregeln entwickelt, die Wissenschaftler und Transition-Initiativen bei der Zusammenarbeit unterstützen. Es soll ›Forschung auf Augenhöhe‹ fördern, die Entwicklung von hilfreichen Fragestellungen und Erkenntnissen für die Transition-Bewegung. Es geht also nicht um so genannte ›extraktive Forschung‹, in der Wissenschaftler lediglich Daten erheben, auswerten und Ergebnisse veröffentlichen, die wiederum nur von Wissenschaftlern verstanden werden, sondern um Forschung, die gemeinsam von Wissenschaft und Praxis entwickelt wird und für beide Seiten einen Lern- und Erfahrungszuwachs bringt.

Erste Forschungsergebnisse aus dem deutschen Transition Netzwerk
Auf die Frage ›*Welche Unterstützung braucht eure Transition-Initiative/-Gruppe, damit sie erfolgreich ist?*‹ haben die Transition-(Un)-Konferenzteilnehmer 2012 in Witzenhausen wie folgt geantwortet:

- **Mehr Aktive**, zum Beispiel ›gute‹ Leute, motivierte Menschen, fachfremde, junge Leute, Menschen mit unterschiedlichen Interessen (10 x genannt).
- **Anschubhilfe und Vernetzung mit anderen Initiativen**, zum Beispiel Tipps von Erfahrenen, mehr Gemeinschaft mit anderen Initiativen, regionale und internationale Treffen, etwas, was sich als ›Transition Family Support‹ zusammenfassen lässt (7 x genannt).
- **Geld und Zeit** (7 x genannt).
- **Know-How und Tools** für wirksame Öffentlichkeitsarbeit/Bewusstseinsarbeit, Nachbarschaftsarbeit, Social Entrepreneurship, Gruppendynamik, Gewaltfreie Kommunikation und Tiefenökologie für ›normale Leute in normalem Deutsch‹ (6 x genannt).
- **Positives Umfeld:** Wertschätzung und Unterstützung durch die Stadt, Räume, Land, ein fester Treffpunkt (5 x genannt).
- **Eigene Kreativität und Spaß** bei der Zusammenarbeit (4 x genannt).
- Je zweimal wurde auch die Notwendigkeit gesehen, eine **Herz& Seele-Gruppe** einzurichten, beziehungsweise sich besser mit **anderen externen Umweltgruppen** zu vernetzen.

Und was bringt das?

Mit den Ergebnissen aus der Tagungsbefragung sind wir schon mitten in der Transition-Forschung. Die Auswertung erfolgte mit Hilfe der Inhaltsanalyse und die Ergebnisse fließen zurück ins Netzwerk, das seine Aktivitäten entsprechend ausrichten kann.

Ich persönlich sehe einen großen Gewinn in der Zusammenarbeit von Forschung und Praxis. So liefert zum Beispiel die Umwelt- und Gesundheitspsychologie hilfreiche Erkenntnisse auf die drängende Frage vieler Initiativen: »Wie mache ich wirksame Bewusstseins- und Öffentlichkeitsarbeit?« Eine andere, spannende Forschungsfrage, die gerade in Großbritannien diskutiert wird, ist die Frage, warum manche Transition-Initiativen erfolgreicher sind als andere, beziehungsweise was Erfolg ist und was ihn ausmacht. Es gibt auch spannende Synergien zwischen Ökodorfforschung, wie sie vom deutschen Forschungsnetzwerk ›Research in Community‹ betrieben wird und der Forschung über Transition-Initiativen.«

(gekürzt, aus: http://www.transition-initiativen.de/group/transition-forschung)

Kurse zu Transition: Werkzeuge des Wandels

Viele der Methoden und Erfahrungen, die im Verlauf dieses Buches genannt wurden, können sich Interessierte auch in den Kursen *Werkzeuge des Wandels* aneignen, die aus den Kursen *Training for Transition* hervorgegangen sind. Im deutschsprachigen Raum werden die Kurse seit 2009 von derzeit acht dafür ausgebildeten Kursleiterinnen und Kursleitern durchgeführt. Weltweit wurden die Kurse inzwischen in über 30 Ländern schon viele hundert Mal veranstaltet – zur sehr großen Zufriedenheit der Teilnehmenden bezüglich der vorgestellten Methoden, der intensiven wie freudvollen Atmosphäre und der Professionalität der Durchführung. Mehr Details dazu finden sich auf www.training-for-transition.de sowie www.werkzeuge-des-wandels.de.

Im Anschluss soll kurz umrissen werden, was in den momentan existierenden zwei Kursen (weitere Kursformen sind in Vorbereitung) vermittelt wird, beziehungsweise welche Fähigkeiten und Erkenntnisse sich die Teilnehmenden aneignen können:

Transitionkurs ›Werkzeuge des Wandels 1‹

— Ein klareres Verständnis für die aktuelle globale Lage sowie den Kontext, aus dem heraus sich *Transition*-Initiativen bilden und weiterentwickeln.
— Verstehen, wie das *Transition*-Modell funktioniert.
— Mit den anderen Teilnehmern gemeinsam einen intensiven Visionsprozess durchführen (unter anderem basierend auf Joanna Macy: *The work that reconnects*).
— Lernen, wie man Gruppentreffen effektiv und in einer angenehmen Atmosphäre durchführt, wie man bestimmte Methoden (zum Beispiel Open Space, World Cafe) anwendet.
— Erlernen von Grundlagen zur Durchführung eines effektiven und inspirierenden Vortrages über die *Transition*-Bewegung.
— Ein hilfreiches Netzwerk aufbauen und konkrete nächste Schritte planen – für sich selbst sowie Ihre Initiative, Gemeinde oder Stadt.

Transitionkurs ›Werkzeuge des Wandels 2‹

In diesem Kurs für Fortgeschrittene geht es um die Weiterentwicklung einer Initiative oder Gruppe. Gemeinsam wird erarbeitet, wie die in der Gruppe vorhandenen Potenziale am Besten genutzt werden können.

Der Kurs richtet sich dabei stark nach den Bedürfnissen der Initiativen und Teilnehmenden. Innerhalb eines gewissen Rahmens können verschiedene der folgenden Themen behandelt werden:
— Evaluation: Wo stehen wir als Initiative gerade? Wo liegen unsere Stärken, wo sind verborgene Potenziale?

— Projektmanagement-Methoden, Methoden und Erfahrungen zu effektiver Kommunikation und moderner Gruppenarbeit.
— Methoden und Übungen zum Inneren Wandel.
— Konkrete Best-Practice-Beispiele einzelner Initiativen: Viele Wege führen nach Totnes ☺, zum Beispiel unterschiedliche ›Aus-Formungen‹ von *Transition* in Stadt und Land.
— GFK (Gewaltfreie Kommunikation), Dragon Dreaming, Tiefenökologie nach Joanna Macy.
— Mehr ›Sein‹ und/oder mehr ›Machen‹?
— Transparenz, Struktur, Entscheidungen, Fundraising, Rechtsformen.
— *Transition*, Unternehmen, Geld: Soziale, lokale Unternehmungen, Genossenschaften, Entrepreneurship.
— Anerkennung und Wertschätzung.

Konzentrierte Experten beim Repair-Cafe von TT Bielefeld. Foto: Michael Motyka

Danksagung

Auch stellvertretend für alle Nichtgenannten möchte ich den folgenden ehemaligen und jetzigen *Transition*-Aktiven, Ratgebern und Unterstützerinnen danken:
Elisabeth Friebe, Michael Motyka, Michael Schem, Ina Frenzel, Marcus Kracht, Sebastian Bamberg, Reinhold Poier, Heike Camara, Martin Roth, Sven Nieder, Bernd Küffner, Thomas Baumann, Andreas Beusker, Linnea Bak, Iris Sprenger, Kerstin Petersen, Mareile Wiegmann, Anja Ritschel, Martin Wörmann, Björn Klaus, Birgit Dreher, dem Umweltamt der Stadt Bielefeld, Norbert Rost, Paul Nellen, Maike Majewski und Anders Ettinger, Martin Held, Andreas Weber, Frieder Krups, Miriam Pflüger, Nils Aguilar, Franz Nahrada, Klaus Töpfer, Julian Gröger, Bernd Ohm, Niko Paech, Silke Helfrich, Christa Müller, Reinhard Pfriem, Rahel Schweikert und Andreas Teuchert, Mathias Stalder, Michael Bonke, Bettina Behrens, Thomas Oberländer, Regina Karrenbauer und Thomas Lutz, Gerald Wurch, Sebastian Becker, Thomas Köhler, Eberhard Irion, Birgit Kociper, Robert Eder, Klaus Gräff, Ingo Frost, Aleandra Tryjanowski, Franziska Sperfeld, Wolfgang Sachs, dem Siebenlinden-Team, dem ›Einschlingen‹-Team, Daniela Kroll, Gabi Bott, Norbert Gahbler, Hannes Steinhilber, Jonas Rottler, Michael Bakonyi, Frank Becker und Martin Elborg.
Dem *Transition Network*-Team (UK): Rob, Jo, Naresh, Sophy, Ben, Fiona, Hal, Ed, Francis, Peter and Amber.
Dem Schumacher College-Team sowie Satish Kumar, Heather Gillard, Rupert Sheldrake, Charles Eisenstein und Stephan Harding.
Frank Viohl, Uwe Schneidewind, Matthias Emde, Ulrike Moser, Michael Plesse, Jürgen Osterlänger, Freimut Hennies, Frank Schulz und Tina Buschmann, Ulrike Hunold, Vivian Dittmar, Geseko v. Lüpke, Christian Felber, Veronika Bennholdt-Thomsen, Benjamin Best, Eva Stützel, John Croft, Joanna Macy, Margrit und Declan Kennedy, Christoph Harrach, Katharina Wyss, Emil Wiedmann, Silvia Hable, Farid Melko, Hans Spinn, Silvia Hesse, Karin Schulze, Marion Hecht, Richard Kuhnel, Davide Brocchi, Johanna Domoks, Leo Burke, Thomas Waldhubel, Agnes Schuster, Konstantin Kirsch, Karl Geck.
Den früheren und jetzigen *Transition*-Kursleitern und -leiterinnen und den ›Werkzeugen des Wandels‹: Marcus Kampmeier, Matthias Wanner, Iljana Dorn, Tina Behrouzi, Gesa Maschkowski, Anaim Gressl, Lisa Baumann, Ellen Bermann, Michael Hohenwarther und Jair Stern.
Besonderer Dank an Christoph Hirsch vom oekom verlag für die exzellente Zusammenarbeit. Und an Martin Elborg und Jonas Rottler für ihre ausdauernde Unterstützung bei der Literatur- und Linkliste.

Gerd Wessling, für das Transition Netzwerk D/A/CH

Diese Buch handelt davon, Dinge wieder selbst in die Hand zu nehmen – so wie es hier im übertragenen Sinne die Mitarbeiter von Fujino Electric machen (Bild oben; siehe auch Seite 121 f). Ob die Anfänge klein sind, wie beim *Transition*-Garten in Portalegre (Bild unten links; siehe auch Seite 111 f), oder sehr ambitioniert, wie beim Atmos-Projekt in Totnes (Bild unten rechts; siehe auch Seite 135): dies alles sind die essenziellen Aufgaben unserer Zeit.
Fotos: Kazuhiro Hakamada (o.), Luis Bello Moraes (u.l.), David Pearson (u.r.)

Abschließende Gedanken und nächste Schritte

»Die jungen Triebe dieses neuen Lebens sprießen überall, ohne zentralen Plan ... sie bewegen und verbinden sich, halten die Energie fest und warten auf den Frühling.«

Manuell Castels, Networks of Outrage and Hope (2012) [1]

All die in Kapitel VIER erzählten Geschichten aus Bath, Slaithwaite, Derbyshire und Brixton könnte man auch als Pionierpflanzen einer neuen Wirtschaft begreifen, welche sich ihren Weg durch den Asphalt des *Business as usual* brechen. Sie tragen den Samen einer neuen, dezentralen Wirtschaft in sich, einer Wirtschaft, die Vermögen und Chancen fairer verteilt, angemessener auf die Herausforderungen reagiert und resilienter ist. Sie geben uns einen Vorgeschmack auf das, was möglich ist, und zeigen auf, dass Veränderung machbar ist. Die Menschen in den Geschichten agieren einfach, aber sie stützen sich dabei auf eine tragende und nährende Infrastruktur.

Dahinter steckt richtig viel Kraft. Kraft, die bei allen spürbar war, mit denen ich in der Vorbereitung auf dieses Buch gesprochen habe. Jeder von ihnen fühlte sich als aktiver Teil eines überaus dynamischen Ganzen. Was sie taten und voranbrachten hatte einen tatsächlichen und sichtbaren Einfluss auf ihre Umgebung. Die Menschen fühlten sich ihrem jeweiligen Ort, seinen Bewohnerinnen und Bewohnern wieder enger verbunden. Ebenfalls spürbar war dieses starke Gefühl »Jetzt ist die Zeit!« – eine Zeit, die unser aller Handeln erfordert. Ein Freund aus meiner *Transition*-Initiative brachte es auf den Punkt: »...

dies ist die beste Vision, die derzeit existiert; diese Vision gibt uns ein Gefühl von Zukunft.«

Wohin könnte das alles führen? Mit *Transition* verfolgen wir nicht das Ziel, ein weiteres, landesweit operierendes Energieunternehmen zu gründen. Was wir anstreben, ist ein vitales Netzwerk von Tausenden kleinen, kommunalen Energieversorgern, die sich gegenseitig unterstützen und ihre Erfahrungen und Einsichten miteinander teilen. Wir wollen auch keine nationale *Transition*-Bank. Was uns vorschwebt ist ein Mosaik aus innovativen und ortsspezifischen Ansätzen eines *Internen Investments*, die in engem Kontakt miteinander stehen und sich austauschen. Die Stärke dieser Ansätze liegt in den vielfältigen Netzwerken und der Summe der Erfahrungen, von denen andere profitieren können, wenn sie an ihrem Wohnort, in ihrer Gemeinde, in ihrer Stadt ähnliche Projekte aufsetzen wollen.

Entscheidungsträger auf verschiedenen Ebenen spielen natürlich ebenfalls eine wichtige Rolle. Lokale wie nationale Regierungen haben in der Tat große Aufgaben vor sich und müssen einiges dazu beitragen, um die in diesem Buch beschriebenen neuen Ansätze einer lokalen, resilienten Wirtschaft Realität werden zu lassen. Offen ist hierbei, wie dies gelingen kann, denn nur allzu oft werden vielversprechende Ansätze ausgeschlachtet, durch ›liebevolle Umarmung‹ erdrückt oder in Bürokratie erstickt. Die entscheidenden Protagonisten sollten aber immer die Menschen vor Ort sein: Die Menschen vor Ort mit ihren hochgekrempelten Ärmeln und dem starken inneren Antrieb.

Meiner Erfahrung nach haben diejenigen, die eigentlich die Verantwortung tragen und den Herausforderungen begegnen sollten, in den seltensten Fällen mehr Durchblick als alle anderen: Es existiert nun mal kein Masterplan über das ›richtige‹ Vorgehen. Wenn Sie sich noch an die erste Geschichte erinnern, die ich Ihnen in diesem Buch erzählt habe (die von den Lokalpolitikern, die zu einem Treffen zusammenkamen), dann wissen Sie, dass das so ist. Von daher lassen Sie mich eine beliebte Phrase bei unseren Politikern ausleihen (auch wenn diese es nie wirklich so meinen): »Wir sitzen alle in einem Boot.«

Ich hoffe, Sie haben ein Gefühl dafür bekommen, wie groß und außerordentlich die vielen kleinen Projekte des Wandels sein können, wenn man sie in ihrer Gesamtheit betrachtet. Ich hoffe, Ihnen ein Gefühl gegeben zu haben, dass genau Sie die Person sein könnten, die etwas Wunderbares bei sich vor Ort starten wird. Ich kann Ihnen natürlich nicht garantieren, dass dies alles ausreichen wird. Aber ich weiß: »Jetzt ist die Zeit!«, und wenn wir jetzt handeln, werden unsere Kinder und Enkel davon wunderbare Geschichten erzählen und wunderschöne Lieder singen über das, was wir in dieser faszinierendsten aller Zeiten getan und erreicht haben.

Falls Sie bis hierhin gekommen sind, vermute ich, dass Sie ein gewisses Interesse daran haben zu erfahren, wie es weitergehen könnte. Hier sind einige sehr konkrete nächste Schritte:

— Sie können sich auf www.transitionnetwork.org (international) oder auf www.transition-initiativen.de (Deutschland, Österreich und die Schweiz) über *Transition*-Aktive, -Projekte und -Initiativen in Ihrer Gegend informieren.
— Sie können den *Transition Leitfaden* herunterladen, eine kostenlose Anleitung zu *Transition*, welche Ihnen vor allem beim Starten einer Initiative und den ersten Schritten hilft und das *Transition*-Modell kurz erläutert. Auf Englisch (als *Transition Primer*) von www.transitionnetwork.org oder auf Deutsch von www.transition-initiativen.de.
— Sie können sich *In Transition 2.0* (mit Untertiteln in acht Sprachen) ansehen, den aktuellen Film über *Transition*, und diesen über www.transition-initiativen.de beziehen. Der erste Film *In*

Transition 1.0 ist unter **www.vimeo.com/8029815** einsehbar (auch mit deutschen Untertiteln). Eine Suche nach ›Transition Town‹ auf YouTube bringt ebenfalls viel Spannendes zutage.

— Sie könnten den Sozialen Reportern des *Transition Networks* (auf Englisch) auf deren Blog folgen, in dem Menschen, die aktiv an Projekten beteiligt sind, von ihren Erfahrungen berichten: **www.transitionnetwork.org/stories**.

— Sie können den Zwei-Tages-Kurs *Werkzeuge des Wandels 1/2* (ehemals: *Training for Transition*) belegen, der Ihnen viele nützliche Methoden und Verfahrensweisen vorstellt (unter anderem zu Gruppenarbeit sowie praktischen Projekten) und Sie an Erfahrungen aus anderen *Transition*-Initiativen und Ökodörfern teilhaben lässt (siehe Seite 166f.).

— Sie können ein Exemplar der *Transition Free Press* beziehen (Englisch) oder mithelfen, diese quartalsweise erscheinende *Transition*-Zeitung mit zu verbreiten: **www.transitionfreepress.org**.

— Falls Ihr Interesse eher in der Gründung sozialer Unternehmen oder der Schaffung Ihres Traumjobs (basierend auf *Transition*-Prinzipien) liegt, so empfehlen wir das *REconomy Projekt* von *Transition*. Fallstudien, Tipps und Methoden dazu finden sich unter **www.reconomy.org** (Englisch).

— Sie können das Buch *Transition Companion: making your community more resilient in uncertain times* (nur auf Englisch) lesen, welches 2011 erschienen ist.

— Zu guter Letzt gibt es noch Shaun Chamberlins Buch *The Transition Timeline: for a local, resilient future* (2009). Begonnen hat alles mit meinem Buch *The Transiton Handbook: from oil dependency to local resilience* (2009); über **www.greenbooks.com** ist es als E-Book in englischer Sprache zu beziehen, auf Deutsch ist es unter dem Titel *Energiewende: Das Handbuch* erschienen.

Anmerkungen

Kapitel EINS

1. A. H. Maslow (1971): *The Farther Reaches of Human Nature*. Penguin Books.

2. Aus einem Interview, das ich am 20. Dezember 2011 mit Peter Vitcor führte: TransitionCulture.org, *Can we manage without growth?* http://transitionculture.org/2011/12/20/can-we-manage-without-growth-an-interview-with-peter-victor-part-one/.

3. G. Barnes (2013): *Money and Sustainability – The Missing Link: Review*. The Foundation for the Economics of Sustainability. www.feasta.org/2013/01/31/money-and-sustainability-the-missing-link-review/.

4. H. Reed & T. Clark (2013): *Mythbuster: ›Britain is Broke – We Can't Afford to Invest‹*. New Economics Foundation. 4. April 2013. www.neweconomics.org/blog/entry/mythbusters-britain-is-broke-we-cant-afford-to-invest.

5. T. Morgan (2013): *Perfect Storm: Energy, finance and the end of growth*. Tullett Prebon. www.tullettprebon.com/Documents/strategyinsights/TPSI_009_Perfect_Storm_009.pdf.

6. Aus einem Interview, das ich am 17. September 2012 mit Dr. Martin Shaw führte: TransitionCulture.org, *A lot of Opportunity is Going to Arrive in the Next 20 Years Disguised as Loss*. www.transitionculture.org/2012/09/17/an-interview-with-dr-martin-shaw-a-lot-of-opportunity-is-going-to-arrive-in-the-next-20-years-disguised-as-loss/.

7. Aus dem Video www.youtube.com/watch?v=U47z5pPIFpU.

8. S. Sorrel, J. Speirs, R. Bentley, A. Brandt & R. Miller (2009): *Global Oil Depletion: An Assessment of the Evidence for a Near-Term Peak in Global Oil Production*. UK Energy Research Centre.

9. M. Inman (2010): *Has the World Already Passed ›Peak Oil‹? New Analysis Pegs 2006 as Highpoint of Conventional Crude Production*. NationalGeographic.com. 9. November 2010. http://news.nationalgeographic.com/news/energy/2010/11/101109-peak-oil-iea-world-energy-outlook/.

10. Ein Begriff, der von Michael Klare geprägt wurde. Z. B. in M. Klare (2010): *The Relentless Pursuit of Extreme Energy: a New Oil Rush Endangers the Gulf of Mexico and the Planet*. Huffington Post. 19. Mai 2010.

www.huffingtonpost.com/michael-t-klare/the-relentless-pursuit-of_b_581921.html.

11 Laut *Oil Change International* zahlen die reichsten Nationen der Welt über Subventionen fünfmal mehr Geld an die ›Industrie der fossilen Brennstoffe‹, als sie für die Förderung von Maßnahmen zur Abmilderung der Folgen des Klimawandels in Entwicklungsländern aufbringen. D. Turnbull (2012): *New Analysis: Fossil Fuel Subsidies Five Times Greater than Climate Finance.* 3. Dezember 2012. www.priceofoil.org/2012/12/03/new-analysis-fossil-fuel-subsidies-five-times-greater-than-climate-finance/.

12 Aus: Share the World's Resources (2012): *Financing the Global Sharing Economy.* 15. Oktober 2012. www.stwr.org/financing-the-global-sharing-economy.

13 Ich bin Andrew Nikiforuk für diese Formulierung zu Dank verpflichtet. 28. März 2013. www.resilience.org/stories/2013-03-28/the-shale-gale-is-a-retirement-party/.

14 D. Strahan (2012): *Peakonomics: Kiss Your Boarding Pass Goodbye.* 4. Juni 2012. www.davidstrahan.com/blog/?p=1517/.

15 V. Johnson, A. Simms, C. Skrebowski & T. Greenham (2012): T*he Economics of Oil Dependence: A Glass Ceiling to Recovery. Why the Oil Industry Today is Like Banking Was in 2006.* New Economics Foundation.

16 F. Harvey (2011): *World Headed for Irreversible Climate Change in Five Years, IEA Warns.* The Guardian. 9. November 2011. www.guardian.co.uk/environment/2011/nov/09/fossil-fuel-infrastructure-climate-change.

17 R. Harrabin (2012): *UK Experiences ›Weirdest‹ Weather.* BBC Science News. 18. Oktober 2012. www.bbc.co.uk/news/science-environment-19995084.

18 Ein beeindruckender Zeitstrahl der extremen Wetterereignisse 2012: www.tiki-toki.com/timeline/entry/55279/Extreme-Weather-Climate-Events-2012/#vars!date=2011-12-18_07:56:44!

19 Aus einem Interview, das ich am 2. November 2012 mit Kevin Anderson führte: *Rapid and Deep Emissions Reductions May Not be Easy, But 4°C to 6°C Will be Much Worse.* TransitionCulture.org. www.transitionculture.org/2012/11/02/an-interview-with-kevin-anderson-rapid-and-deep-emissions-reductions-may-not-be-easy-but-4c-to-6c-will-be-much-worse/.

20 PricewaterhouseCoopers (2012): *Too Late for Two Degrees? Low Carbon Economy Index 2012.* www.pwc.com/en_GX/gx/sustainability/publications/low-carbon-economy-index/assets/pwc-low-carbon-economy-index-2012.pdf.

21 Zum Beispiel in K. Hansen (2012): *Research Links Extreme Summer Heat Events to Global Warming.* NASA Earth Science News. 8. Juni 2012. www.nasa.gov/topics/earth/features/warming-links.html.

22 Reuters (2012): *Extreme Weather the New ›Normal‹?* 4. Dezember 2012. www.foxbusiness.com/industries/2012/12/04/extreme-weather-new-normal.

23 PricewaterhouseCoopers (2012): *Too Late for Two Degrees? Low Carbon Economy Index 2012.* http://www.pwc.co.uk/sustainability-climate-change/publications/low-carbon-economy-index.jhtml.

24 B. McKibben (2012): *Global Warming's Terrifying New Math: Three Simple Numbers that Add up to Global Catastrophe – And that Make Clear Who the Real Enemy is. Rolling Stone.* 19. Juli 2012. www.rollingstone.com/politics/news/global-warmings-terrifying-new-math-20120719.

25 BBC Business News (2011): *Bank of England Governor Fears Crisis is ›Worst Ever‹.* 7. Oktober 2011. www.bbc.co.uk/news/business-15210112.

26 Ein Grundlagenwerk hierzu ist: N. Shaxson (2011): *Treasure Islands: Tax Havens and the Men Who Stole the World.* The Bodley Head.

27 P. Hawken (2009): *Commencement: Healing or Stealing? Commencement Address,* University of Portland. www.up.edu/commencement/default.aspx?cid=9456&pid=3144.

28 Aus einem Interview, das ich am 14. Mai 2012 mit Nick Shaxson führte: TransitionCulture.org, www.transitionculture.org/2012/05/14/an-interview-with-nick-shaxson-author-of-treasure-islands-tax-havens-and-the-men-who-stole-the-world/.

29 J. Kirkup (2012): *Occupy Protesters Were Right, Says Bank of England Official.* The Telegraph. 29. Oktober 2012. www.telegraph.co.uk/finance/newsbysector/banksandfinance/9641806/Occupy-protesters-were-right-says-Bank-of-England-official.html.

30 V. Johnson, A. Simms, C. Skrebowski, T. Greenham (2012): *The economics of oil dependence: a glass ceiling to recovery. Why the oil industry today is like banking was in 2006.* New Economics Foundation.

31 2. November 2012. www.transitionculture.org/2012/11/02/an-interview-with-kevin-anderson-rapid-and-deep-emissionsreductions-may-not-be-easy-but-4c-to-6c-will-be-much-worse/.

32 Ich danke Tony Greenham von der *New Economics Foundation* für seinen Beitrag zu dieser Liste.

33 Aus einem Interview, das ich am 5. Juni 2012 mit Andrew Simms führte: http://transitionculture.org/2012/06/05/andrew-simms-on-the-impacts-of-chain-stores-on-local-economies/.

34 M. Portas (2011): *The Portas Review: An Independent Review into the Future of Our High Streets.* Department for Business, Innovation & Skills.

35 BBC News Online (2013): *Small Shop Closures are Progress, Says Ex-Tesco Boss.* 3. Februar 2013. http://www.bbc.co.uk/news/uk-21310808.

36 Federation of Small Businesses, Scotland (2006): *The effect of supermarkets on existing retailers.* Roger Tym & Partners.

37 Civic Economics (2012): *Indie Impacts Study Series: A National Comparative Survey with the American Booksellers Association.* Salt Lake City. www.localfirst.org/images/stories/SLC-Final-Impact-Study-Series.pdf.

38 The Urban Conservancy / Civic Economics (2009): *Thinking Outside the Box: A Report on Independent Merchants and the New Orleans Economy.* http://bealocalist.org/thinking-outside-box-report-independent-merchants-and-local-economy-profile.

39 D. A. Fleming & S. J. Goetz (2011): *Does Local Firm Ownership Matter?* Economic Development Quarterly, 25 (2011): 277–281.

40 S. Porter & P. Raistrick (1998): T*he Impact of Out-of-Centre Food Superstores on Local Retail Employment (The National Retail Planning Forum).*

41 S. J. Goetz & A. Rupasingha (2006): *WalMart and social capital.* Northeast Regional Center for Rural Development. http://aese.psu.edu/nercrd/economic-development/materials/poverty-issues/big-boxes/wal-mart-and-social-capital/article-wal-mart-and-social-capital/view.

42 A. Simms, J. Oram, A. MacGillivray & J. Drury (2002): *Ghost Town Britain: The Threat from Economic Globalisation to Livelihoods, Liberty and Local Economic Freedom.* New Economics Foundation.

43 C. Alexander (1979): *The Timeless Way of Building.* Oxford University Press.

44 B. Walker & D. Salt (2006): *Resilience Thinking: Sustaining Ecosystems and People in a Changing World.* Island Press.

45 M. Lewis & P. Conaty (2012): *The Resilience Imperative: Cooperative Transitions to a Steady-State Economy.* New Society Publishers.

46 A. Zolli & A. M. Healy (2012): *Resilience: Why Things Bounce Back.* Headline Business Plus.

47 C. Jones (2013): *Technology Cannot Tackle Climate Change: Calvin Jones says Wales Can Lead the Way in Replacing Economic Growth with the Notion of Useful Work.* www.clickonwales.org/2013/04/technology-cannot-tackle-climate-change/.

48 B. Beetz (2013): *Deutsche Bank: Sustainable Solar Market Expected in 2014.*

PV Magazine. www.pv-magazine.com/news/details/beitrag/deutsche-bank--sustainable-solar-market-expected-in-2014_100010338/.

49 T. Bawden & D. Milmo (2011): *Out-of-Town Shopping Malls Suffer as Fuel Price Deters Shoppers*. The Guardian. 8. April 2011. www.guardian.co.uk/business/2011/apr/08/town-shopping-malls-fuel-price.

50 N. Squires (2012): *More Bikes Sold than Cars in Italy for First Time Since WW2*. The Telegraph. 2. Oktober 2012. www.telegraph.co.uk/finance/newsbysector/transport/9581180/More-bikes-sold-than-cars-in-Italy-for-first-time-since-WW2.html.

51 M. McDermott (2012): *Over Half of Germany's Renewable Energy Owned by Citizens & Farmers, Not Utility Companies*. Treehugger.com. 26. Januar 2012. www.treehugger.com/renewable-energy/over-half-germany-renewable-energy-owned-citizens-not-utility-companies.html.

52 S. Gsänger (2009): *Community power empowers*. Discovery News. www.news.discovery.com/tech/community-wind-power-opinion.html.

53 Co-operative News (2012): *Power of Co-operation: Members Outnumber Shareholders by Three to One*. 11. Januar 2012. www.thenews.coop/article/power-co-operation-members-outnumber-shareholders-three-one.

54 H. Wallop (2011): *A Third Say they Will Grow their Own this Summer*. The Telegraph. 6. April 2011. www.telegraph.co.uk/gardening/plants/vegetables/8429480/A-third-say-they-will-grow-their-own-this-summer.html.

55 Sustrans.org.uk (2012): *Cycling Increase by 18 per cent on National Cycle Network*. 18. Juni 2012. http://todayeco.com/pages/4874521-cycling-increase-per-cent-national-cycle-network-sustrans.

56 Statistik des Entwicklungsprogramms der Vereinten Nationen. Zitiert in J. C. Zuckerman (2011): *The Constant Gardeners*. One Earth. 28. November 2011. www.onearth.org/article/the-constant-gardeners/.

57 R. Shore (2012): *Vancouver to Plant More Food-Bearing Trees on Streets and in Parks*. Vancouver Sun. 3. Oktober 2012. http://blogs.vancouversun.com/2012/10/03/vancouver-to-plant-more-food-bearing-trees-on-streets-and-in-parks/.

58 Social Enterprise Live (2011): *Vibrant Sector Defies Downturn with Powerful Growth*. 11. Juli 2011. www.socialenterpriselive.com/section/se100/management/20110711/vibrant-sector-defies-downturn-powerful-growth.

59 Community-Wealth: *Overview: Community Stock Ownership Plans (ESOPS)*. http://community-wealth.org/strategies/panel/esops/index.html.

60 J. Brancatelli (2012): *Why Air Travel has Become so Expensive, Annoying, and Cramped*. The Business Journals. 24. Oktober 2012. www.bizjournals.

com/bizjournals/blog/seat2B/2012/10/government-offers-air-travel-report.html?page=all.

61 City and County of San Francisco, Office of the Mayor (2011): *Mayor Lee Signs Urban Agriculture Legislation for Greater Local Food Production in SF.* 20. April 2011. www.sfmayor.org/index.aspx?page=353.

62 Co-operative News (2012): *Power of co-operation: members outnumber shareholders by three to one.* 11. Januar 2012. www.thenews.coop/article/power-co-operation-members-outnumber-shareholdersthree-one/

Kapitel ZWEI

1 P. Kingsnorth (2008): *Real England: The Tattle Against the Bland.* Portobello Books.

2 Thema erläutert in: T. Trainer (2007): *Renewable Energy Cannot Sustain a Consumer Society.* Springer.

3 Aus Helen Beethams Forschung zum Einfluss von Transition Streets in Totnes: *Social Impacts of Transition Together (SITT): Investigating the Social Impacts, Benefits and Sustainability of the Transition Together / Transition Streets Initiative in Totnes.* www.transitiontogether.org.uk/wp-content/uploads/2012/07/SocialimpactsofTransitionStreets-finalreport.pdf.

4 N. Watts (2012): *Gasketeers Win the Fight for Eco Lights.* Ledbury Reporter. 21. Februar 2012. www.ledburyreporter.co.uk/news/9541640.print.

5 The Local Resilience Action Plan: www.scribd.com/doc/71442230/Sustaining-Dunbar-2025-Local-Resilience-Action-Plan.

6 Bristol Pound (2012): *The Queen to be Presented with Unique Set of Bristol Pounds.* 22. November 2012. www.bristolpound.org/news?id=12.

7 S. Morris (2012): *Mayor to Take Salary in Bristol Pounds. The Guardian.* 20. November 2012. www.guardian.co.uk/uk/2012/nov/20/mayor-salary-bristol-pounds.

8 R. Cohn (2013): *Charting a New Course for the U.S. and the Environment.* Yale Environment 360. http://e360.yale.edu/feature/interview_gus_speth_charting_new_course_for_us_and_environment/2612.

9 Beschrieben auf: http://transitionculture.org/2012/09/10/transition-appears-in-a-level-global-citizenship-exam-questions.

10 T. Hughes (2004): *The Dreamfighter and Other Creation Tales.* Faber and Faber.

Kapitel DREI

1. Alles verfügbar auf: www.Transition-Initiativen.de.
2. Crash-Kurs Transition 101. http://transitionprincerupert.com/education/transition101.
3. R. Finley (2013): *A Guerilla Gardener in South Central LA*. TED Talk. www.ted.com/talks/ron_finley_a_guerilla_gardener_in_south_central_la.html.
4. Ein herausragendes Projekt ist die Blaencamel Farm von Anne Evans und Peter Segger in Nordwales. Der Meister und die Meisterin des Kompostierens.
5. Die Werkzeuge *Community Brainstorming Tools* einsehbar auf: www.transitionnetwork.org/tools/connecting/community-brainstorming-tools.
6. Die Details des Konzeptes finden sich in: C. Einstein (2011): *Ökonomie der Verbundenheit*. Scorpio Verlag. www.sacred-economics.com/read-online/.
7. J. Roberts (2012): *How To Build a Better Block*. TED-Talk. www.youtube.com/watch?v=ntwqVDzdqAU.
8. C. Smith (2012): *Transition Town Fujino Goes for Local Energy Independence*. OurWorld 2.0. 26. Oktober 2012. http://ourworld.unu.edu/en/transition-town-fujino-goes-for-local-energy-independence.

Kapitel VIER

1. J. Nelson (2013): *Co-op Breweries: Craft Beer in the New Economy*. PostGrowth.org. 22. Februar 2013. http://postgrowth.org/co-op-breweries-craft-beer-in-the-new-economy.
2. K. Leach (2013): *Why mainstream Community Economic Development? Because it works*. REconomy.org. 7. März 2013. www.reconomy.org/why-mainstream-community-economic-development-because-it-works.
3. B. Thevard & Y. Cochet (2013): *Europe Facing Peak Oil*. The Greens/EFA im Europäischem Parlament: www.peakoil-europaction.eu/blocs/page.html.
4. Das REconomy Projekt: www.reconomy.org.
5. Mein Film über das 2013 Totnes Local Entrepreneurs Forum: www.transitionculture.org/2013/04/02/a-taste-of-the-future-in-the-community-of-dragons.

6 E. N. Beckett (2013): *Transition Town Brixton Launches Pioneering Analysis to Reveal the Benefits of a Local Economy.* Transition Town Brixton. 28. Februar 2013. www.transitiontownbrixton.org/2013/02/transition-town-brixton-launches-pioneering-analysis-to-uncover-the-benefits-of-localising-lambeths-economy/.

Exkurs

1 Aus einer Rede des ehemaligen deutschen Bundespräsidenten, als Video einsehbar auf: http://transitionculture.org/2013/05/07/former-german-president-waxes-lyrical-about-transition.

Abschließende Gedanken

1 M. Castells (2012): *Networks of Outrage and Hope: social movements in the internet age.* Polity Press.

Weiterführende Materialien und Quellen

Für diejenigen unter Ihnen, die sich einführend oder vertiefend mit *Transition* oder mit den verschiedenen, in diesem Buch thematisierten Aspekten befassen wollen, folgt hier eine Auflistung unterschiedlichster Materialien und Quellen.

Zum Nachlesen

Grundlagen

R. Hopkins (2008): *Energiewende. Das Handbuch: Anleitung für zukunftsfähige Lebensweisen.* Verlag Zweitausendeins.

B. Brangwyn & R. Hopkins (2008/11): *Der Transition Leitfaden* (kostenfreies pdf auf www.transition-initiativen.de).

Ernährung

F. Lawrence (2008): *Eat Your Heart Out: Why the Food Business is Bad for the Planet and Your Health.* Penguin.

Local United hat eine Anleitung für Schulen zum Aufbau eines regionalen Lebensmittelnetzwerks veröffentlicht: *Setting up a Local Food Hub: A Guide for Schools.* http://tinyurl.com/cnwwszz.

T. Pinkerton & R. Hopkins (2009): *Local Food: How to Make it Happen in your Community.* Transition Books / Green Books. Nur als E-Book verfügbar.

Die Soil Association hat ein Handbuch für CSA, Solidarische Landwirtschaft, herausgegeben: *A Share in the Harvest: An Action Manual for Community Supported Agriculture.* www.soilassociation.org/LinkClick.aspx?fileticket=gi5uOJ9swiI%3d&tabid=204.

Ebenfalls von der Soil Association: *Cultivating Co-operatives: Organisational Structures for Local Food Enterprises.* www.soilassociation.org/LinkClick.aspx?fileticket=tqYeQrHxQdw%3d&tabid=204.

Von TransitionCulture.org gibt es zusammenfassendes Material über Aktivitäten von *Transition*-Gruppen zu Ernährung, Nahrungsmittelproduktion und Anbau, mit Videos und vielen Links auf Englisch: www.transition culture.org/2012/06/29/transition-essentials-no-1-food.

Energie

C. Bird (2010): *Local Sustainable Homes: How to Make Them Happen in Your Community.* Transition Books / Green Books.

D. Clark & M. Chadwick: *The Rough Guide to Community Energy.* www.roughguide.to/communityenergy. Gibt einen exzellenten und prägnanten Überblick Ihrer Optionen und Möglichkeiten in Sachen Energie.

Local United hat eine Serie über den Aufbau von gemeinschaftsgetragenen Projekten erneuerbarer Energien produziert, darin unter anderem:
- *Community-Led Hydro Initiatives – Inspiring Overview of Hydro Installations, Funding and Project Profit Management.* www.localunited.net/sites/default/files/Local_United_Hydro_Diffusion_Pack_Jan2011c.pdf.
- *Community-Led Wind Power – How to Plan, Build and Own a Medium or Large Wind Turbine in Your Community's Backyard.* www.localunited.net/sites/default/files/Local_United_Wind_Diffusion_Pack_Jan2011c.pdf.

G. Pahl (2012): *Power from the People: How to Organize, Finance and Launch Local Energy Projects.* Chelsea Green Publishing.

Die Regierung von Schottland stellt einen exzellenten Werkzeugkasten für Gemeinschaftsprojekte der erneuerbaren Energien auf Englisch bereit: www.scotland.gov.uk/Resource/Doc/917/0115761.pdf.

A. Shepherd, P. Allen & P. Harper (2012): *The Home Energy Handbook: A Guide to Saving and Generating Energy in Your Home and Community.* Centre for Alternative Technology Publications.

V. Shiva (2009): *Leben ohne Öl.* Rotpunktverlag

Regionalwährungen

Die Initiatoren der Regionalwährung Bristol Pound haben einen exzellenten Beitrag *What is it?* auf: http://bristolpound.org/what.

Der Chiemgauer ist ein faszinierendes Regionalwährungsmodell aus Süddeutschland: http://www.chiemgauer.info/.

O. Dudok van Heel (2009): *The Lewes Pound: A Transition Network ›HowTo‹ Guide.* www.transitionculture.org/wp-content/uploads/Lewes- Pound-How-To-Guide.pdf.

Einen guten Überblick bietet: G. Hallsmith & B. Lietaer (2011): *Creating Wealth: Growing Local Economies with Local Currencies.* New Soc. Publ.

P. North (2010): *Local Money: How to Make it Happen in Your Community.* Transition Books / Green Books.

M. Shuman (2012): *Local Dollars, Local Sense: How to Shift Your Money from Wall Street to Main Street and Achieve Real Prosperity.* Chelsea Green Publishing.

Permakultur und (Urbanes) Gärtnern

D. Holmgren (2010): *Permaculture: Principles and Pathways Beyond Sustainability.* Orca Dorcauk Orphans.

S. Holzer (2006): *Der Agrar-Rebell.* Stocker.

B. Mollison (1988): *Permaculture: A Designer's Manual.* Tagari Publications.

C. Müller (2011): *Urban Gardening. Über die Rückkehr der Gärten in die Stadt.* oekom verlag.

M. Rasper (2012): *Vom Gärtnern in der Stadt. Die neue Landlust zwischen Beton und Asphalt.* oekom verlag.

Permaculture (www.permaculture.co.uk) und Permaculture Activist Magazine (www.permacultureactivist.net).

Mit dem Stadt- oder Gemeinderat zusammenarbeiten

A. Rowell (2010): *Communities, Councils and a Low-Carbon Future: What We Can Do if Governments Won't.* Transition Books / Green Books.

Einige zentrale Veröffentlichungen, die unser Dilemma verdeutlichen und zeigen, warum Business as usual keine Option sein kann

Association for the Study of Peak Oil. ASPO Deutschland e.V. www.energiekrise.de.

C. Hamilton (2010): *Requiem for a Species: Why We Resist the Truth About Climate Change.* Earthscan.

R. Heinberg (2008): *Öl-Ende:* ›*The Party's Over*‹. *Die Zukunft der industrialisierten Welt ohne Öl.* Riemann Verlag.

R. Heinberg (2011): *The End of Growth: Adapting to Our New Economic Reality.* Clairview Publications.

R. Heinberg & D. Lerch (2010): *The Post Carbon Reader: Managing the 21st Century's Sustainability Crises.* Post Carbon Institute / Watershed Media.

T. Homer-Dixon (2010): *Der heilsame Schock – Wie der Klimawandel unsere Gesellschaft zum Guten verändert.* oekom verlag.

V. Johnson, A. Simms, C. Skrebowski & T. Greenham (2012): *The Economics of Oil Dependence: A Glass Ceiling to Recovery. Why the Oil Industry Today is like Banking was in 2006.* New Economics Foundation.

T. Kasser (2002): *The High Price of Materialism.* MIT Press.

N. Klein (2008): *Die Schock-Strategie: Der Aufstieg des Katastrophen-Kapitalismus.* Fischer.

M. Lewis & P. Conaty (2012): *The Resilience Imperative: Cooperative Transitions to a Steady-State Economy.* New Society Publishers.

A. Simms (2007): *Tescopoly: How One Shop Came out on Top and Why It Matters.* Constable.

Weitere Quellen der Inspiration

V. Bennholdt-Thomsen (2010): *Geld oder Leben. Was uns wirklich reich macht.* oekom verlag.

C. Eisenstein (2012): *Keine Forderung kann groß genug sein. Die Revolution der Liebe. Der Geist von Occupy.* Scorpio.

C. Felber (2012): *Die Gemeinwohl-Ökonomie: Eine demokratische Alternative wächst.* Deuticke Verlag.

J. P. Flintoff (2012): *How to Change the World.* The School of Life.

J. Heimrath (2012): *Die Post-Kollaps-Gesellschaft. Wie wir mit viel weniger viel besser leben – und wie wir uns heute schon darauf vorbereiten können.* Scorpio.

J. Heimrath (2013): *Die Commonie. Versuchsanordnung für eine Post-Kollaps-Gesellschaft des guten Lebens.* thinkOya.

K. A. Joubert (2010): *Die Kraft der kollektiven Weisheit: Wie wir gemeinsam schaffen, was einer alleine nicht kann.* Kamphausen.

M. Kennedy (2011): *Occupy Money: Damit wir zukünftig ALLE die Gewinner sind.* Kamphausen.

G. von Lüpke (2011): *Politik des Herzens: Nachhaltige Konzepte für das 21. Jahrhundert. Gespräche mit den Weisen unserer Zeit.* Arun, 4. Auflage.

C. Müller & D. Straub (2012): *Die Befreiung der Schweiz. Über das bedingungslose Grundeinkommen.* Limmat Verlag.

E. Ostrom & S. Helfrich (2011): *Was mehr wird, wenn wir teilen. Vom gesellschaftlichen Wert der Gemeingüter.* oekom verlag.

N. Paech (2012): *Befreiung vom Überfluss. Auf dem Weg in die Postwachstumsökonomie.* oekom verlag.

M. S. Peck, O. Jungbluth, L. Janisch & A. Lohmann (2012): *Gemeinschaftsbildung: Der Weg zu authentischer Gemeinschaft*. Eurotopia.

G. Paulie (2012): *Blue Economy: 10 Jahre, 100 Innovationen, 100 Millionen Jobs*. Konvergenta.

J. Randers (2102): *2052. Der neue Bericht an den Club of Rome: Eine globale Prognose für die nächsten 40 Jahre*. oekom verlag.

M. B. Rosenberg, A. Gandhi, V. F. Birkenbihl & I. Holler (2012): *Gewaltfreie Kommunikation: Eine Sprache des Lebens*. Junfermann.

T. Roszak (1995): *Ecopsychology: Restoring the Earth/Healing the Mind*. Sierra Club Books.

S. Spratt, A. Simms, E. Neitzert & J. Ryan-Collins (2009): *The Great Transition: A Tale of How it Turned Out Right*. New Economics Foundation.

Y. Vanderborght, P. van Parijs, C. Offe & M. Tillmann (2005): *Ein Grundeinkommen für alle? Geschichte und Zukunft eines radikalen Vorschlags*. Campus.

M. Würfel (2013): *eurotopia-Verzeichnis: Gemeinschaften und Ökodörfer in Europa*. Verlag Einfach Gut Leben.

Bücher von Joanna Macy: *Die Reise ins lebendige Leben: Strategien zum Aufbau einer zukunftsfähigen Welt* (2011; mit M. Y. Brown; Verlag Junfermann); *Fünf Geschichten, die die Welt verändern: Einladung zu einer neuen Sicht der Welt* (2013; mit N. Gahbler; Junfermann); *Denken wie ein Berg. Ganzheitliche Ökologie: Die Konferenz des Lebens* (1989; mit J. Seed, P. Fleming & A. Naess; Bauer); *Active Hope: How to Face the Mess We're in Without Going Crazy* (2012; mit C. Johnstone; New World Lib)

Last, not least: Die Zeitschrift OYA: http://www.oya-online.de.

Filme

Hier ist die TOP 10 der Filme, die von Transition-Initiativen gewählt wurden (und ein Hinweis darauf, wo man sie bekommen kann):

In Transition 1.0 (www.vimeo.com/8029815) und *In Transition 2.0*
 (erhältlich auf: www.intransitionmovie.com), beide mit deutschen Untertiteln.

A Farm for the Future
 (einsehbar auf YouTube, mit deutschen Untertiteln).

The Power of Community mit deutschen Untertiteln
(erhältlich auf: www.powerofcommunity.org).

Koyaanisqatsi (einsehbar auf YouTube, mit deutschen Untertiteln).

The Economics of Happiness
(erhältlich auf: www.theeconomicsofhappiness.org).

The Age of Stupid
(erhältlich auf: www.dogwoof.com/films/the-age-of-stupid).

Voices of the Transition mit deutschen Untertiteln
(erhältlich auf: www.voicesoftransition.org).

Dirt, the Movie auf Englisch (erhältlich auf: www.thedirtmovie.org).

There's No Tomorrow auf Englisch (einsehbar auf YouTube).

The End of Suburbia auf Englisch (erhältlich auf: www.endofsuburbia.com).

Weitere Informationsquellen

Den Nachhaltigen Warenkorb gibt's beim Rat für nachhaltige Entwicklung als mobile Website: www.nachhaltigkeitsrat.de/projekte/eigene-projekte/nachhaltiger-warenkorb.

Und auch das Umweltbundesamt hält zahlreiche Informationen bereit: www.umweltbundesamt.de.

Die persönliche CO_2-Bilanz lässt sich berechnen mit: www.ifeu.org/energie/pdf/UBA_IFEU_CO2_Rechner.pdf (ifeu Studie im Auftrag des Bundesumweltamtes).

Der Weltklimarat (Intergovernmental Panel on Climate Change, IPCC) – die Anlaufstelle mit der größten Kompetenz in der Bewertung des Klimawandels: www.de-ipcc.de/.

Angebote von Kursen und Lehrgängen

In Deutschland:

Werkzeuge des Wandels (das frühere *Training for Transition*), Website für deutschsprachige, ein- bis zweitägige Kurse und Workshops: www.training-for-transition.de.

Informationen und Kurse über Permakultur finden Sie auf:
www.permakultur-institut.de und http://permakultur-akademie.net oder bei Sepp Holzer: www.krameterhof.at. Zahlreiche Seminare bietet auch das bekannte Ökodorf Sieben Linden: www.oekodorf7linden.de/

In Großbritannien:

Das *Centre for Alternative Technology*, Machynlleth, Wales, bietet ein beeindruckendes Spektrum an Kursen und Trainings: www.cat.org.uk.

Das *Hollies Centre for Practical Sustainability*, West Cork, Ireland: www.thehollies.ie.

One Year in Transition, ein neues Programm des *Transition Networks* in Großbritannien: www.transitionnetwork.org/support/education/one-year-transition.

Permaculture Association (UK) hält eine großartige Liste an Kursen bereit: www.permaculture.org.uk.

Schools in Transition: www.transitionnetwork.org/support/education/schools-transition.

Die Blaupause für den »grünen Wandel«

Der »grüne Wandel« ist keine Zukunftsvision, er ist Realität: Fossile Energieträger sind auf dem Rückzug, in den Städten dominieren Busse, Radfahrer und Fußgänger, weltweit boomen die Umwelttechnologien. Die Weichen sind gestellt, nur Gas geben müssen wir, um den Wettlauf mit der ökologischen Krise zu gewinnen. Dieses Buch zeigt anhand zahlreicher »Beispiele des Gelingens«, wie sich die bereits eingeschlagenen Pfade weiterverfolgen lassen. Es beschwört keine Probleme, sondern bietet Lösungen, die Lust auf eine andere Zukunft machen.

Heinrich-Böll-Stiftung (Hrsg.), Marcus Franken (Text)
Bericht aus der Zukunft
Wie der grüne Wandel funktioniert

288 Seiten, Broschur, 24,95 Euro, ISBN 978-3-86581-416-6

/// oekom
Die guten Seiten der Zukunft

Bestellen Sie jetzt versandkostenfrei innerhalb Deutschlands unter www.oekom.de

Buddeln für eine bessere Welt

Terra Preta do Indio lautet der portugiesische Name für einen Stoff, dem man fantastische Eigenschaften zuschreibt. Die »Schwarzerde aus dem Regenwald« gilt nicht nur als der fruchtbarste Boden der Welt – sie kann obendrein den Klimawandel und die Hungerkrise lindern. Das Buch liefert eine fundierte Gebrauchsanweisung zur Herstellung der Wundererde und informiert darüber hinaus über Klimafarming und Kreislaufwirtschaft.

Ute Scheub, Haiko Pieplow, Hans-Peter Schmidt
Terra Preta.
Die schwarze Revolution aus dem Regenwald
Mit Klimagärtnern die Welt retten und gesunde Lebensmittel produzieren

208 Seiten, Klappenbroschur, 19,95 Euro,
ISBN 978-3-86581-407-4

/// oekom
Die guten Seiten der Zukunft

Bestellen Sie jetzt versandkostenfrei innerhalb Deutschlands unter www.oekom.de

Eine andere Welt ist pflanzbar

Die neuen urbanen Gärtner sorgen für Farbe in Deutschlands Städten. Was sie treibt, ist das archaische Vergnügen, zu pflanzen und zu säen und einen Teil ihrer Nahrung selbst zu erzeugen. Dieses Buch ist ein kundiger Führer durch die urbane Gartenszene. Aber es erzählt auch von der tiefen Verwurzelung des Gartens in unserer Kultur, von der bedrohten Sortenvielfalt oder vom Garten als Ökosystem. Viele Praxistipps und Adressen machen es zu einem unentbehrlichen Ratgeber für Stadtgärtner.

M. Rasper
Vom Gärtnern in der Stadt
Die neue Landlust zwischen Beton und Asphalt

208 Seiten, Klappenbroschur, mit vielen farbigen Abbildungen, 19,95 Euro, ISBN 978-3-86581-183-7

oekom
Die guten Seiten der Zukunft

Bestellen Sie jetzt versandkostenfrei innerhalb Deutschlands unter www.oekom.de